真诚是消融寒冰的春风

精品集萃丛书·真诚的美好系列

《语文报》编写组 选编

时代文艺出版社

图书在版编目（CIP）数据

真诚是消融寒冰的春风 /《语文报》编写组选编.
-- 长春：时代文艺出版社, 2021.6
（青春美文精品集萃丛书.真诚的美好系列）
ISBN 978-7-5387-6798-8

Ⅰ.①真… Ⅱ.①语… Ⅲ.①作文－中小学－选集
Ⅳ.①H194.5

中国版本图书馆CIP数据核字(2021)第103442号

真诚是消融寒冰的春风
ZHENCHENG SHI XIAORONG HANBING DE CHUNFENG

《语文报》编写组　选编

出 品 人：陈　琛
责任编辑：陈　阳
助理编辑：胡　军
装帧设计：陈　阳
排版制作：隋淑凤

出版发行	时代文艺出版社
地　　址	长春市福祉大路5788号　龙腾国际大厦A座15层　（130118）
电　　话	0431-81629751（总编办）　0431-81629755（发行部）
网　　址	weibo.com/tlapress（官方微博）　sdwycbsgf.tmall.com（天猫旗舰店）
开　　本	880mm×1230mm　1/32
字　　数	135千字
印　　张	7
印　　刷	三河市嵩川印刷有限公司
版　　次	2021年6月第1版
印　　次	2021年6月第1次印刷
定　　价	36.00元

图书如有印装错误　请寄回印厂调换

编 委 会

主　　编：刘应伦

编　　委：刘应伦　赵　静　李音霞
　　　　　郭　斐　刘瑞霞　王素红
　　　　　金星闪　周　起　华晓隽
　　　　　何发祥　朱晓东　陈　颖
　　　　　段岩霞　刘学强

本册主编：曾春碧　吴健勇

Contents 目 录

一碗幸福的绿豆汤

困难是成功路上的基石 / 郑紫瑜 002
一碗幸福的绿豆汤 / 陈宇泽 004
一杯热牛奶 / 郑安娜 006
一碗牛肉汤 / 刘其东 008
一碗扁食 / 赖婉滢 010
谢谢您,妈妈 / 刘诚笑 012
妈妈的鸢尾花 / 陈梦芝 014
我是幸福的 / 王雨诗 016
我的母亲 / 杨易 018
懂你,渐老的母亲 / 吴小燕 020
陪伴 / 冯璎珞 022
感谢您的包容 / 林嘉怡 025
老妈不在家的日子 / 林沁青 027
细雨中的温情 / 姜恒 029
今年清明节 / 王裕敏 031

爸爸是"怪人" / 郭姗姗 033
巧合 / 王妍 035
藏在鱼头汤里的爱 / 陈瑜 037

爱在我身边

幸福的我 / 郑晓雨 040
"碎碎"平安 / 赖文卉 042
平凡的您，我的母亲 / 陈加煜 044
给爸爸妈妈 / 陈铭俊 046
忘不了你 / 陈懿 048
我的好外婆 / 谢纤纤 050
我最爱的那个人 / 黎暄 052
触动我心灵的一件事 / 郭晓薇 054
看到绿叶我就想起你 / 谢晓颖 056
一个美丽的错误 / 洪蕾 058
感谢您，老师 / 叶麟璇 060
良师 / 祁子妍 062
我的数学老师 / 邓佳惠 064
我的英语老师 / 崔艺婷 066
爱在我身边 / 王璟 068
难忘那张带笑的脸 / 何锦绣 070
忘不了你 / 赖梦萍 072

素描和水墨 / 陈　艺　074
当我离开母校的时候 / 丁　成　076

今年春天我很诗意

我的同学"猴子" / 詹晓欢　080
我的同学"大黄" / 黄乐欣　082
我的同学小池 / 魏　嘉　084
我为呆瓜点赞 / 陈梓欣　086
那段烦心的日子 / 郑天悦　088
成长的烦恼 / 刘晨昀　090
我的战"痘"史 / 陈　艺　092
心声 / 陈子颖　094
从未改变的梦想 / 郭晓薇　096
今年春天我很诗意 / 王　辉　099
分享 / 陈俊宇　101
让座吗？ / 张倩倩　103
失败以后 / 詹　艺　105
考试以后 / 林　还　107
温暖 / 张佳慧　109
雨中的温暖 / 薛雨晗　112
幸福就在你身边 / 吴子敬　114
这是一种美德 / 林　妍　116

真诚 是消融寒冰的春风

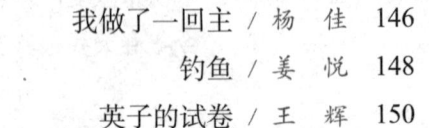

成长的故事

成长中的一件事 / 管安琦	120
成长的故事 / 赖书骏	122
这一天，我将铭记 / 游书韬	124
勇敢迈出那一步 / 黄雪颖	127
阳光下成长 / 王　妍	129
茁壮成长 / 雷洪馨	131
挫折也美丽 / 谢灵慧	133
醒悟 / 彭子睿	135
成长路上的必修课 / 沈芷若	137
迟到的美丽 / 肖以旋	139
战胜错误 / 胡匡迪	141
摔倒的老爷爷 / 唐佳嘉	144
我做了一回主 / 杨　佳	146
钓鱼 / 姜　悦	148
英子的试卷 / 王　辉	150
峰谷线中如花绽放 / 罗秋莲	152
村光 / 黄　颖	155
我家乡的美食 / 崔艺婷	157
店头街 / 李　楠	159
最美的画册 / 黄雨琪	161
苏州，我美丽的家乡 / 黄昕玥	163

追忆如歌似水时

追忆童年 / 杜 林 166
那段自由的日子 / 邓文娟 168
追忆如歌似水时 / 郭晓薇 171
难忘的早晨 / 姜 悦 174
不忘向阳心 / 陈宏婧 176
火车上的偶遇 / 翟安琪 178
请转身,前面是一片天 / 陈 烁 181
善良的魅力 / 杨昕源 183
我爱你,春天 / 葛瑞琪 185
八月桂花香 / 苏祺珺 187
冬日的清晨 / 赖书骏 189
红梅赞 / 刘晨昀 191
春天来了 / 周雯枥 193
龟山公园 / 张锡荣 195
暑假青岛行 / 刘钟敏 197
游张家界十里画廊 / 郭诗琪 199
这就是我 / 陈 艺 201
快乐阅读 / 葛瑞琪 203
我的中国梦 / 葛瑞琪 206
学会安全用电 / 葛瑞琪 208
假如我是风 / 张恩齐 210
假如我是一滴水 / 杨嘉仪 212

一碗幸福的绿豆汤

困难是成功路上的基石

郑紫瑜

> 别害怕停滞,你要记住,按自己的节奏慢慢成长。这样才会成为更好的自己。
>
> ——题记

"只有经过磨炼的手指,才能弹出世间的绝唱。"成功需要磨炼,哪怕需要漫长的等待。当别的树木抽出枝条、张开绿叶时,或许,你才刚刚发芽,别急,这是成功路上给予你的困难磨炼,它是你成功路上坚实的基石。

你年少时,便才学惊人,天下皆知,后来,成功进入官场,但又因你清冽、刚正的性格,一再惹恼小人们,被贬谪,再被贬谪,你的官路不仅停滞不前,还步步后退。可你天生生性豁达,对此类事务无一丝不舍、留恋,最终在西湖边修建了苏堤,成为一个为民做善事,做好事,处处为百姓着想的好官。你，苏轼，在等待中磨炼自身，造福一方百姓，这些挫折成了你成功路上厚实的基石。

参加科举考试次次失利，心怀大志的你不想再走进考场，日夜想要编一部书，记载民间传说，可一个人力量哪里够呢？你又是一个不富裕的秀才，于是在书房边摆了一个粥摊。唯一与常人不同的是，喝粥并不用钱，只需讲一个引人入胜、情节曲折的民间传说故事。刚开始，粥摊鲜少有人问津，但是后来络绎不绝，你热情照顾客人们，只为那一个个令人热爱、传诵的故事。白天，你在粥摊忙碌，夜晚，你便坐于书房"聊斋"中写出白日听到的故事。日复一日，夜复一夜，最终，在"聊斋"中出现了一部专门记述有趣故事的书籍——《聊斋志异》。你，蒲松龄，在等待中磨炼自己，写出一本书籍，这些未中举之苦是你成功路上厚实的基石。

少年，是一个不折不扣的笨孩子，数学考试中还得过1分，总被其他孩子嘲笑。但是，在时间的淘洗下，惊人的才智又显露出来，你被誉为"世上最伟大的物理学家之一"，名字总会与牛顿、伽利略、霍金等人相提并论。爱因斯坦，在等待中磨炼自身，成为伟大的物理学家，这些从小到大的讥讽之苦是你成功路上厚实的基石。

在历史的长河中，哪一次成功没有受到过困难、等待的牵绊呢？只要相信自己，顺着自己的节奏成长，这些就都会是你成功路上的基石！

一碗幸福的绿豆汤

陈宇泽

老师的关怀如春风，让我觉得凉爽与亲切；同学的陪伴如暖阳，使我充满快乐与信心，而妈妈精心熬制的绿豆汤更让我徜徉在浓浓的幸福里。

毕业考的日子一天天逼近，那紧张的气氛令大家有点儿大气不敢出。手中有老师发的复习提纲、练习题和模拟卷，同学们分秒必争地背呀记呀做呀。

夜深了，星星闪着闪着就隐没在深蓝的夜空里；虫儿叫着叫着就躲藏进黑黢黢的树梢里。屋里，灯光昏沉，像坠了的残月，映射在层层叠叠的考卷上。时钟依旧迈着它固有的节奏，独自嘀嗒嘀嗒地走着。我伸了伸懒腰，打了个哈欠，数了数已做完的考卷——五张了！唉，还有三张没做完呢！我抬起像灌了铅似的双手，握起水笔，颤巍巍地又在考卷上雕刻每一道题的答案。

书写在考卷上的每一个字像鸡爪刨的一样，歪歪扭扭，已不再像端端正正屹立着的士兵。"终于又做完了一张！"我如释重负地自言自语，一骨碌仰面躺在床上，把自己摆成一个"大"字。

门被轻轻地推开，一股香甜味冲进我的鼻子里，我的鼻翼快速地一吸一放，又一个骨碌，我直起了身。只见妈妈端着一碗绿豆汤，小心翼翼地挪着脚步走到书桌边，又小心翼翼地把汤碗放在桌上。"吃完再做吧。"顿时，一股暖意如电流般瞬间击中我，又立刻蔓延全身。清甜的绿豆汤一勺一勺地被我送进嘴里，连同满心的幸福一起吞下。喝到碗底朝天了，我的眼睛移向妈妈，妈妈正满脸笑意地看着我。"妈，还是你煮的绿豆汤最好喝。"妈妈莞尔一笑，目光中尽是慈爱，幸福的滋味再一次油然而生，我顿觉困意消失，浑身精神饱满。那一刻我忽然想到：那我是不是应该用最好的成绩来报答妈妈呢？那一股无声无形的力量推着我继续埋头复习。

那夜那碗清甜的绿豆汤诠释了妈妈的爱，更诠释了幸福的含义。

一杯热牛奶

郑安娜

如果把爱比作烟火,我喜欢绚烂的;如果把爱比作花香,我喜欢沁人心脾的;如果把爱比作茶水,我喜欢香浓的。在我眼里,爱是悄无声息却又让人刻骨铭心的。

依稀记得去年期末考的前几夜,繁华的路灯照亮幽暗的小路,我透过窗户,可以看见忽明忽暗的灯光,在这个静谧的夜晚,我坐在书桌前复习着。那时已经十点多,按照平常,我本该入睡,可再过两天就要期末考了,凡事认真的我不得不多花点功夫复习。

房门发出吱吱的杂声,轻盈的脚步声慢慢靠近,我不由得扭头一看——妈妈一如既往地端着一杯热牛奶向我走来。我无奈地说道:"我不饿,你自己喝吧!"妈妈听后,什么也没说,只是将一杯牛奶放在桌子的一旁,轻悄悄地走出房间,关上了门。我在纳闷:平时妈妈总是对我絮絮叨叨，今晚怎么一言不发？

复习完功课已经十一点左右，当我在整理明天需要带的课本时，发现有一张练习卷落在客厅了，便匆匆来到客厅。

客厅的灯依旧亮着，电视的荧屏五光十色，却被调成了静音，五彩缤纷的颜色在爸妈的脸上流转着。他们的睡姿依旧那么亲切与熟悉：爸爸的呼噜声忽大忽小，妈妈将头靠在爸爸的腿上，蜷缩着身躯，嘴角微微上扬，发出轻微的鼾声，我想在她的睡梦中一定有一个天真可爱的孩子在陪伴着她。在这幽静的夜里，我站在那儿耸了耸鼻子，关掉电视，悄悄地离开了客厅……

就这样，一个宁静的深夜，一个融洽的场景，从此印在我的脑海里，让我对爱有更深的理解与诠释。爱来得就是那么的悄无声息却让人难以忘怀。

夜，已经入睡；爱，独自醒着……

一碗牛肉汤

刘其东

一天,母亲叫上我去赴约饭局,说有叔叔请客。叔叔抄起菜单随便点了几个菜,之后便大方地把菜单递到我面前,我点了不少菜,其中特别点了牛肉汤。在包间里,整个房间都显得朦胧,透过玻璃望着外面,好似一场梦境。一切仿佛是那么遥远,感觉整个世界都安静了下来,吃着牛肉汤,小时候的一幕又浮现在我眼前。

小时候外婆家门口有个牛肉面馆,我每天放学都兴致勃勃地经过那里。香喷喷的味道勾引着我,但我每次都低着头。当时,哪怕喝一碗牛肉汤,吃一碗牛肉面,也要外婆从口袋里掏出皱巴巴的钱给我,我摸着外婆那粗糙而又布满老茧的手,自然舍不得。心细的外婆知道我嘴馋,于是每次傍晚都央求老板务必把剩下的牛骨头留给我们,外婆相信牛骨头含有各种蛋白质和营养成分。老板人也挺好，卖不完的牛骨头和牛筋都会拿给外婆。等到我回家时，外婆把带血的骨头和牛筋丢进锅里，我问外婆为何不把血洗掉，外婆相信血是最为滋补的。我在旁边蹲着等待，一等就是两三个小时，我的眼皮开始打架了。当满屋子飘满香气时，外婆才打开锅盖，我低头望去，牛筋被熬化成浓浓似咖啡色的汤，只剩下白花花的骨头。这时外婆便会撒一把葱花，关火，舀碗，让我和着外婆从面包店里要来的面包皮，配着吃。每当这时，我感觉这便是天底下最美味的了！外婆有时会怕我吃厌，所以总会在汤里加点肉末、蛋花、青菜。我的碗里全是肉渣，而外婆的碗里全是白花花没有一点儿肉星的骨头，但她也能吃得津津有味。

现在家里宽裕了，回家时依然可以喝到外婆那香喷诱人的汤——自然全是牛肉。我总是细细地品尝，但不知不觉地，我的眼泪却落了下来。

一碗扁食

赖婉滢

爱就是生病时那一碗热热的扁食,温暖了我的心。

从小我因为贫血,身体不是很好,没有什么胃口。那时正好是换季的时候,我生病,发了高烧,两天都没有退下去,也什么都吃不下。

晚上的时候,头又开始痛了,什么都不想干,只想睡觉,爸爸和妈妈劝我吃一点儿东西,我只好硬着头皮吃了几口,但是因为胃口不好,还是吐了。爸爸妈妈只好让我去睡觉,睡到差不多十点的时候,我醒了,爸爸妈妈却在睡觉,我把他们吵醒:"我肚子饿了。"爸爸什么也没有说,就开始穿衣服,开着车子出去了。我和妈妈都不知道爸爸出去干什么。

过了一个小时左右,爸爸提着一袋热乎乎的扁食回来了。爸爸马上拿了一个碗装给我吃。妈妈把爸爸叫到客厅去说话，他们说的我都听见了，妈妈问爸爸："这么晚了小吃店还有开着的？"

爸爸回答："没有啊。"

"那你是在哪里买的？"

"开车到坑边去买的。"爸爸说。

听到这里我愣住了。

以前的我总是觉得爸爸没有妈妈那么爱我。下班一回来总喜欢问我的学习，一问就唠唠叨叨讲个不停。做一件事东摸西摸，一放慢速度，爸爸又会说我不珍惜时间，开始他的长篇大论。早晨他总是在六点多把我叫起床，我说要睡觉，爸爸却说起来读点书。爸爸这些举动让我感到很烦。这些其实是他在无形之中对我的关心，可我竟一点儿也没有感觉到。随着年龄的增长，我开始和爸爸顶嘴，对他发火。爸爸来问我学习怎样，叫我上课要认真听的时候，我有时竟把书一丢对他喊道："你很烦呀！"他每次问到这些问题我就在想，爸爸一点儿都不爱我，一天到晚都问我学习啊学习啊，烦都烦死了。到今天我才知道，我错了，爸爸其实是爱我的。

这碗扁食是爸爸花了多大劲儿才买到的！那时我家还在汶川，从这里到坑边，就是为了不让我饿肚子，就是为了给我买一碗扁食。

我的眼泪在眼眶里打转，慢慢顺着脸颊流了下来。顿时觉得这碗扁食比任何时候的都好吃。

谢谢您，妈妈

刘诚笑

一株蒲公英随风飘散，去更大更广阔的世界安家，它得感谢风的一路护送；雨后的笋娃娃顶破土壤，用臃肿的身体钻出地面，它得感谢细雨的滋润；一只雏鹰成长后能在高空飞翔，看山峦叠翠，看云朵捉迷藏，它得感谢鹰妈妈的哺育以及"鹰式教育"背后的担忧与不舍。世间万物都需要抒发自己的感恩之情，同样，我们的成长也离不开同学、朋友的帮助，老师的教诲，更离不开父母多年的养育、关爱。

时光倒退到去年的暑假，那个我记忆犹新的下午。

"路上要小心啊……如果累了得和姑姑讲，停下休息啊……哎呀，这天估计得下雨了，你还是别去了吧……"妈妈一直在身边唠叨着，混着漫天乌云令我烦躁。"哎呀，进山一会儿就出来了，这天气阴一会儿晴一会儿的，哪下得了雨呀！"妈妈工作的地方在天宝岩脚下，今天顺道而来的表姑想参观，我便迫不及待地尽起了地主之谊，争着当导游，哪听妈妈的劝阻，带着一行人雄赳赳地进山去了。

踏上栈道，听南溪流水叮咚，树叶沙沙作响，微风抚着脸庞，带着好心情向深山走去。这时，天公不作美，忽然下大雨，阻挡了我们前进的脚步。山路又湿又滑，耳畔仿佛又听到了妈妈的唠叨。大伙的鞋不一会儿便沾满了泥巴，只能下水洗净，一路光脚走在栈道上却别有风味。回去后妈妈拖着狼狈的我走进浴室。裤子一掀，一条丑陋的水蛭正在我腿上贪婪地吮吸着血液。我吓得号啕大哭，而妈妈却故作镇定地将水蛭扒下，在水池中"大战"。我吓得不敢往水池看，却分明看到了妈妈颤抖的嘴唇，假笑着讲我"不听老人言"。这一刻的妈妈无比高大。

窗外嗷嗷待哺的小鸟正在感谢母亲辛勤地觅食。我也要对心中的"守护神"妈妈由衷地说："谢谢您！"

妈妈的鸢尾花

陈梦芝

妈妈很少养一些植物,在我的印象中,妈妈只买过一盆花。她把那盆花放在阳台上,每天都给它浇水。

我问妈妈:"那是什么花啊?"

她回答:"那是鸢尾花。"

鸢尾花有粗大的根,非常强韧的生命力,花语象征着优美、纯真、善良、坚强。

妈妈很喜欢那盆花,每天都按时给它浇水、陪它晒太阳、赐予它生命力。

那盆花在妈妈的细心呵护下,渐渐成长。每次经过阳台都能看见阳光撒在花瓣上,那欣欣向荣的样子,总会让这一整天,都充满美好。

每一天,我都会向妈妈汇报这鸢尾花的情况。"又长一朵花啦!""这朵花谢了!""花又开了!"……

妈妈说，她希望我像这花一样每天欣欣向荣，能时刻充满阳光，遇到挫折不轻言放弃。她把这盆花培育得格外精神，它同我一齐成长。每次我看妈妈细心呵护鸢尾花，就仿佛妈妈照顾我一般。

出生那一刻开始，妈妈就以保护的姿态出现在我面前，包容、呵护、体谅、忍让……她的怀抱踏实而又温暖，想让人依赖却又日益想要挣脱，去寻找自己认为的自由。

其实跌跌撞撞，却又不肯承认稚嫩的，是我们。

下辈子，我也想做一次妈妈的妈妈，像妈妈照顾我一般，照顾妈妈半辈子。

那盆鸢尾花，倒映着妈妈日益操劳的神情。但却又在妈妈的操劳中，渐渐成长，越变越好。

我真希望，时光、妈妈与那盆鸢尾花，终不老。

我是幸福的

王雨诗

厚重的乌云密布天空，沉闷得让人喘不过气，街灯"唰"地亮起，把我的影子拉得好长、好长。即将到来的暴风雨使寥寥无几的行人加快了回家的步伐，我拖着沉重的双脚一步一步地往家的方向挪动。

望着考卷上那又红又大的"79"，我竟出了神。红色的数字在台灯的映照下格外刺眼，我的心沉了又沉，头顶像压着一块巨石……突然，外面传来钥匙开门的声音——尽管声音很轻微，但我还是听到了。糟糕，妈妈回来了！我连忙把那张刻着不尽如人意的分数的试卷一把抓起快速塞进抽屉，随手从桌上拿起一本书，可那"79"老在我的脑海里晃呀晃，书上的字我一个也看不清。

"宝贝，吃些水果吧。"听见这话的当儿，妈妈已经站在我面前了，手里端着一盘切好的水果。我勉强对妈妈笑了笑，勉强吃了一块苹果。"妈，我不吃了。"我小声嚅嗫着。"宝贝，怎么啦？我看你好像有什么心事呀。来吧，有什么烦心事尽管跟妈妈说说。"唉，还是逃不过妈妈的眼睛！

"妈，我没事，就是最近复习有些累……""我可是你妈妈呦，不会有人比我更了解你了，发生什么事啦？我猜猜看，是不是考试成绩不理想呀？"我抬起头，正好迎上妈妈满脸的慈爱，这正是我抵抗不了的！之前紧张压抑的心好像得到解散的命令，又像堤坝决口一样倏地就崩塌了，哗啦，不争气的眼泪就流出来了。

我一把搂住妈妈的腰，脸紧紧地贴在妈妈胸前，委屈、懊悔和自责在我心里一齐发作。妈妈静静地抱着我，什么也没说。在妈妈的怀里，我的情绪渐渐缓和。妈妈松开抱着我的双手，一边轻轻拍着我的背，一边轻声细语娓娓地说："宝贝，我知道最近你很努力，我认为努力做最好的你自己就行。负能量的脑袋不会给你正能量的人生。妈妈会一直在你身边支持你的。""嗯！"不知哪来的力量，我望着妈妈，用力点点头。

轰轰烈烈的暴雨过后，凉爽的风轻轻地拂过窗台，吹过我的脸颊。漫天的星星一闪一闪，亮晶晶的。月亮依旧带着它的招牌笑脸照亮整个夜空，也照进了我的心里。我从抽屉里拿出那个"79"，认真地订正错题，此时，我心中异常轻松，被理解和幸福填满。

是的，我是幸福的，因为有妈妈的爱和理解。

我 的 母 亲

杨 易

有人说,母亲是在雨天送来的一把伞;有人说,母亲是在你遭遇困难时坚强的臂膀;有人说,母亲会因你高兴而高兴,因你悲伤而难过。我说,母亲是你身边的一盏不起眼的灯,总是默默为你照亮周围,燃烧自己。

那天,那人,那事,深深地刻在了我的心海。那天黄昏,夕阳有气无力地挂在湖面上,散发出昏暗的金光。心情郁闷的我走在湖边的小路上,看着余晖下水波粼粼的湖面,心仿佛一瞬间变得沧桑起来。如果这时候有人走过来,一定会很惊讶,因为我的一举一动都在诉说着:我!很!烦!第一次考70多,回去铁定挨揍。我郁闷地想着,慢慢吞吞地走着路。"吱呀——"我缓缓推开了门,看着桌上的两盘青菜,顿时没了食欲。我书包一丢,像泄了气的皮球一样坐在椅子上,软绵绵地扒着饭。这时,母亲走了过来，脸上堆满了笑容："儿子！考多少呀？"我从牙缝里吐出几个字："70多……""什么？70多！"母亲的笑容一下子僵住了，取而代之的是一副语重心长的表情，"孩子呀，学习要认真，不然以后会吃亏的……你看看那些乞丐……""好了！我只是粗心了一些！我都会的！"我听得心猿意马，一气之下回了房间。"砰"！房门重重地砸在门框上，就像一堵墙从天而降在我的心上，将我和母亲分隔两地。"真是，烦死了！"我小声地嘀咕了一句……

我迷迷糊糊地睁开眼，不知不觉间，我竟然趴在床上睡着了！正当我打算继续睡时，房门被轻轻地推开了。一阵很轻很轻的脚步声传来。"哗啦啦——"窗帘轻轻落下，整个过程声音都十分的小。最怕空气突然安静，我大气也不敢喘，过了好一会儿，她才缓缓退去。在关门前，还轻轻地把灯关了。忽然，我觉得鼻子酸酸的，一股暖流涌上心头，默地在心里道歉。母亲啊，还好我没睡着，否则，又怎知您对我无私的爱呢？

"慈母手中线，游子身上衣。临行密密缝，意恐迟迟归。"是啊，母亲的爱是伟大的。我不知道这世上还能有谁会在与你吵架后，不管你错得多么离谱，仍依旧默默关心着你。我只知道，母亲对孩子的好，是世上所有人都无法取代的。

懂你,渐老的母亲

吴小燕

"树欲静而风不止,子欲养而亲不待。"枯叶落了十余次,秋风扬了十余阵,我的母亲老了十余岁。

有些晚了。秋天的晚风凉凉的,从袖口、衣领里"呼"地闯进去。我拿着从街边小摊上买来的糯米团走在人不多的小路上。与我料想的一般,母亲站在楼下,拿着件外套,左顾右盼,一刻也停不下来。我心里不禁笑了起来。看我走来,她小跑着过来,一下,我的全身被这外套裹得严严实实的,着实有些滑稽。

母亲带着些许责备的口气冲我叫道:"叫你穿着去穿着去偏不肯,这下冷了吧。到时候老了,骨头这儿疼那儿疼来怪我,我可不管你了。"

"知道啦,知道啦。"

母亲的脸沉下来,静静地跟着我上了楼。刚进家门,书包还没放下,就听见她的大嗓门又在喊:"赶快过来喝口热水。"平平淡淡,是没有一丝波澜的语气。热气还在杯口慢腾腾地盘旋。我心中不禁哑笑:"到底是刀子嘴豆腐心。"接下来是端起,一口气顺着食道滑下去。脸上还残留着外面的寒风,心里却开始变得温暖起来。

她这一辈子要强,没人能奢望她有一天服软。

天黑得快,夜里的气温急剧下降。关了窗,依然有些冷。这时,我听到隔壁房间有动静。走到门边上,猫着腰看了看。母亲的腰又开始疼了。从早上起就不知拿热毛巾来回敷了多少次。这倔脾气,什么都不说。"一大把年纪了,脾气还是这么倔,怎么这么不让人省心啦。"我到底是和她一样,嘴上这么说,还是忍不住走了过去,翻箱倒柜找着药酒。"哎,谁让当年我青春期的时候太乖了,到了更年期怎么着也让我任性一回吧。"她笑着,脸上的鱼尾纹拧成了一团。到底是老了,前几年的白丝还没冒出来。"别任性过了头,把自己累着了。"母亲眨巴着眼,说道:"你和你姐我都给拉扯到这么大了,我都没累着。现在,我也只等着你们姐俩这两只潜力股给我收益和分红了。不然我投资了这么些年可就白费喽。"

这就是我的母亲。她脾气不好,她缺乏安全感,她一身毛病,她很要强,但是她什么都没有。她说有家人在的地方才算是家,她说这一生有了我们,即使忙忙碌碌她也潇洒痛快。只因为她是我的母亲,为我付出太多的母亲。

亲爱的母亲呵,这些,我都懂。

陪　伴

冯璎珞

奶奶独自守在电话机旁。时间嘀嗒嘀嗒不停地走。屋子里那些古旧的摆设，在月光柔和的照耀下，发出点点银黄的微光。

奶奶在电话机旁踱着步，她的眉毛微微蹙起，带着忧虑的目光，望向电话机，仿佛是看向一个调皮捣蛋的孩子。

她又重新坐回椅子上。屋子静悄悄的，灯光全部暗下来了。墙上的钟缓慢地指向十点。奶奶看了看窗外，看了看钟，又看了看电话，最终，她仿佛下定决心似的，拿起电话，熟练地按下一串号码。

"喂，儿子啊，你到了没有啊？"

"就快到了，就快到了，您就先睡吧！就这样，我挂了。"听筒里传出爸爸的声音，接着是一串忙音。

奶奶叹了一口气,看着窗外愈下愈大的雨,又起身,不断地踱着步。那一刻,我仿佛看见奶奶的脸变得更加忧虑、憔悴。

夜色悄无声息地笼罩着这个世界,而奶奶脸上的皱纹清晰可见。她再次望向那默默叹息的钟——十点十分。

十点二十,十点二十五,十点半……奶奶不停地用慌乱的脚步代替内心的忐忑与不安。她再次犹豫起来,雨砸在玻璃上,似乎是夜在叫嚣,夜的战鼓,夜的冷笑。

十一点。奶奶再也忍不住了。窗外夜阴暗的面孔,雨激动的身子仿佛跳跃在她的心上。奶奶吸了一口气,拿起听筒。

"嘟,嘟,嘟……"电话里迟迟没有回音。奶奶又焦急起来,眉头紧紧地皱着,可以看清她紧握话筒的微微颤抖的手。

"喂?"电话终于通了。那一瞬间,奶奶的脸上猛地露出欣喜——就像温暖的冬阳融了多年的积雪——那种可以使人一瞬褪去哀伤、满是宽慰的表情。

"啊,儿子,你怎么……"

"哎呀,妈您就别打电话来了,我在开车,不是让您先睡了吗?"奶奶的声音被打断了,剩下的是爸爸不耐烦的抱怨。

"哎,可是……"奶奶欲言又止,"好吧,要小心点,雨天路滑,早点回家!""知道了知道了,就要到了，我挂了，您就别等我了！"又是长久的寂静。

奶奶前面的激动已经荡然无存，她无奈叹息着坐下，坚持控制着那已打架的眼皮。快十二点了。

"哗——"车灯射进屋子，如闪电划破天际。奶奶睡眼惺忪地起身，看了看钟，已经十二点了，当知道这意味着什么时，立刻冲出了家门，飞奔着迎接晚归家的爸爸。

我窝在被子里，不禁热泪盈眶。是的，我的奶奶，这个伟大的母亲，在冬季夜色的不断侵袭中，孤独地守护在电话机边，在不断的忐忑、不安和忧虑中，用特别的方式，陪伴了在雨中赶路的她的儿子两个小时。

全天下的母亲又何尝不是呢？她们陪伴了自己的孩子，从咿呀学语，长大，到成人。她们眼睁睁地看着孩子一步一步地离自己远去，她们跌跌撞撞地追赶孩子的脚步，却依旧是无奈。

所以，她们选择了在原地默默地陪伴，等着翱翔的鸟儿归巢，任凭自己慢慢变得苍老、孤独、落寞。而身为孩子的我们能做些什么呢？我们抓不住溜走的时光，我们逃不了生与死的离别，但我们要做的，只是不嫌弃她们不再灵巧的双手、慢慢变白的黑发，而是满心欢喜地接受她们的馈赠——陪伴。

——这是对那些伟大的母亲，亦是对我们，最好的礼物。

感谢您的包容

林嘉怡

当孩子的心智还在幼稚时,当孩子还在嫌贫爱富的时期时,有没有伤到您的心?您学会了隐藏,学会了包容,也让我学会了成长,您愿意聆听我心底里最纯净的声音吗?

三年级的时候,家离学校挺远的,我天天放学叫唤着:"累啊,累啊!"在无数天的哀怨中,您终于决定来载我,我别提多高兴了!可是第二天,您骑着破旧的摩托车来接我时,又别提多难堪了……

"丁零零"下课了,我满怀欣喜,迈着轻巧的步子跑出校门,一眼就望见了您骑的小破车,似乎怕我看不见,似乎那儿是最好的地方,您赤裸裸地停在了校门口的正中央。没等我反应过来,您就开始亲切地呼唤,我只好慢悠悠地走到您身边,看到您,脸立马沉下来。可是您却丝毫没有察觉,依旧笑眯眯地望着我,后面传来了同学们的嬉笑声,真是丢脸死了,我一路上都没理过您。

经历了无数天的"煎熬"我终于忍不住发火了,我掩着面向您小跑过去,对您大吼:"别在这儿等我,你知道我有多丢脸吗?"您的脸僵硬着,阴沉着,没有责骂我,只是不说话……

就这样过了一天,当小雨滑过树枝滴到我的脸颊,我才回过神来。"咦,爸爸今天怎么没来接我?"脑袋里冒出各种疑问,各种担心,真是急得直跳脚。忽然,听到一声呼唤,我回头一望,定睛一看,那不是爸爸的身影吗?小小的屋檐遮挡不住您高大的身躯,那眼神里流露着许多情感,似乎在悄无声息地说着:"孩子,你何时才会长大?"已经不清楚是泪流满面,还是雨水滑过脸颊,在那一刻,感受到了您的包容,在您的包容下我成长了。

又坐上小破车,遮挡雨水的似乎不是雨衣,而是您的包容,更是您浓浓的爱!感谢您的包容!

老妈不在家的日子

林沁青

和许多人一样,我也有一个爱唠叨的妈妈。在家里,无时无刻地跟在身边,一下子说这个做不好,一下又……

可是,我却传承了专属老爸的懒惰"DNA",在家里是不会主动帮忙干家务。假如有一天,你在我家看见我忙碌的身影,那旁边一定还站着一个女人,双手叉腰,还不停地动着嘴皮子。

直到有一天,老妈收拾好了行李,要准备去韩国旅游啦!

"记得要带一些吃的回来哟!"我假装不舍地去抱住老妈,并略带哭腔对她说道。

"嗯,我和女儿都会想你的!"这时,老爸也走过来,给了老妈一个大大的熊抱。

"好了!别弄得像生离死别一样,不就是出门玩嘛!那么,我不在家的这段日子里,希望你们父女俩能和睦相处，每天早上早点起床……"哎呀！老妈又开启了唠叨模式了，快捂住耳朵！

送走了亲爱的母亲大人，我和老爸都不约而同地比出了一个胜利的手势，一段没有老妈唠叨的暑假生活正式开始了！

某天，当我从床上爬起时，钟表上的时针和分钟都已经走向了十点的趋势。我揉着惺忪的睡眼来到厨房，看见桌上老爸的杰作——一碗鸡蛋面。看来老爸上班还不忘为孩子准备早餐，真顾家！我拿起筷子二话不说就将碗里的面大口往嘴里送，"呸！"我的嘴巴受到盐的强烈刺激后迅速将面吐出。什么啊，这么咸，还有蛋壳！

经历了鸡蛋面事件后，老爸每天都带着我吃快餐。本以为自由的日子真正开始了，每天依然睡到很晚才起床，不用整理房间，于是，原本整齐洁净的家变得凌乱不堪，桌子上堆满了吃过的快餐盒……

天天吃快餐，导致了我的肠胃也出现了一些问题，所以，此时的我，正虚弱地躺在医院的病床上，爸爸则在一旁怀着愧疚却十分笨拙地照顾我。我突然好想念妈妈煮的粥，每当我生病，妈妈都会煮一碗瘦肉粥。我突然好想念妈妈的唠叨，没有了她的唠叨，我和爸爸都快把"家"变成"窝"了。

在那段自由的日子里，我终于深切地感受到妈妈对我、对这个家付出了多少。现在的我，或许还应该享受这种非自由的爱吧？

细雨中的温情

姜 恒

雨是冷的,情是暖的。凉凉的雨打在他们的身上,却绽放成了美丽的花,射出一道暖暖的光。

黑暗渐渐侵袭到马路的上空,蒙蒙的雾气和着路灯黄晕的光,在漫天飘洒着。一颗颗"豆粒"从天而降,穿过微黄的灯光洒在地上,路旁的花儿低下了高傲的头,行人们加快脚步,各自走向不同的路。

穿过那条熙熙攘攘热闹喧嚣的街道,我背着书包撑着伞向车站走去,身旁走过一对母子,孩子说:"妈妈,我肚子饿了,想吃鸡腿……"话音刚落,他的母亲就毫不犹豫地掏出五块钱买了,我看着他们心满意足地走了。

远处昏黄的路灯下出现了一辆没有棚顶的破旧三轮车。车上的油漆褪得只剩下生了锈的钢管,脆弱地一根根连接着,车上有一些发黑的编织袋。废旧的瓶子、用过的包装袋林林总总地堆积在车上，车篼上坐了一位七十出头的老人。而骑车竟是一个还不到十岁的小男孩！我不敢相信是真的，眨了眨眼睛，看到了现实：的确，男孩骑着三轮车载着老人，他的眉毛挨得很近，额头上皱起了一道这个年纪不该有的皱纹。他的脚很用力地蹬着，在拐弯的地方，车子不听使唤停在原地一动不动。男孩很着急，依然咬着嘴唇，正用尽了全力地踩着踏板。雨点一滴滴地打在了他和老人的头发上，肩上……男孩不停地回头望着老人，还喃喃地说着些什么，只看见老人摇了摇头。不一会儿，他下车拿起一个大编织袋，细心地为老人盖上。而后又飞快上车用力地蹬着车子……他的全身已经湿了个透却浑然不觉。

目送着他们，我的世界都静止了，直到男孩终于将车子骑上坡，一切又开始正常运行……

我看到男孩笑了，那个笑容像春天刚刚从土里钻出的小草，是那么天真，那么灿烂。老人也笑了，是那么和蔼，那么慈祥。细细的雨点打在他们身上，绽放出一朵冬天里美丽的红梅，那样耀眼，那样迷人。老人又将编织袋盖到男孩头上，两个人的身影渐渐地消失在了下一盏昏黄的路灯里……

今年清明节

王裕敏

今年清明节,我们又一次来到了爷爷的墓前。

爷爷是在2012年去世的,那时,我才七岁。还记得,爷爷抱起我时那慈祥的微笑,爷爷给我好吃的食物,爷爷给我讲那过去的事情……可这些都不复存在了。爷爷是在2010年病倒的,那时每一天对他来说都度日如年。为了给爷爷治病,花光了我们家里所有的钱,使我们一贫如洗。在8月份时,爷爷病入膏肓,只好把爷爷从医院接回了家。2012年1月,爷爷永远离开了这个世界。

大家默默地来到爷爷的墓前。今年由我来描石碑上的字,我认认真真地用毛笔蘸了红油漆,慢慢地描。这个时候,爸爸在"后土"碑前鞠了三个躬,在香炉上插了三根香,点了两支蜡烛,倒了一杯八分满的酒。妈妈和姑姑们正在摆祭品,又将纸钱叠成金元宝的形状。一切都静悄悄的。

爸爸作为爷爷唯一一个继承香火的人，祭拜以他为主，所以，我和爸爸妈妈最先跪在爷爷墓前，和爷爷"说话"，说完还要恭恭敬敬地鞠三个躬，分别在香炉上插上三根香。

分别拜完之后，就要烧纸钱。姑丈先生一把火，大家围着烧纸钱，姑姑用一根棍子翻动着，让纸钱充分燃烧。烧完纸钱，就烧装有金元宝的纸房子。最后，爸爸放了一串鞭炮。就这样，一年一度的清明节扫墓在鞭炮声中结束了。

爸爸是"怪人"

郭姗姗

他的最"怪"之处——某些方面的表现自相矛盾,几乎是走向两个极端,让人难以相信这是同一人所为。

生活中,爸爸有时是名副其实的严父,对我的要求十分严格,甚至可以用苛刻来形容。有一天中午我吃过午饭,坐在凳子上刚打开手机,想玩玩游戏享受下惬意的午后时光。这时爸爸不知从哪里突然冒了出来!见我在玩手机脸上一下变了颜色,立即严肃地说:"不准玩手机,手机交来。"我打着游戏,正玩得欢,哪有停下的理儿?于是我便随口答道:"不要!等我打完这局再说。"爸爸一听,头顶上随即添了两朵乌云,脸色变得阴沉沉的,身边的空气似乎也凝结起来。他带着命令的口吻说:"玩什么玩?要么看书!要么睡觉!不许玩手机!"我一看爸爸这架势,知道情况不妙,连忙把手机交给爸爸。但我没关游戏还挂着机,我想这样即使我没玩游戏,也会有收益。爸爸接过手机,见游戏没关闭,就要关闭游戏。我便在旁边喊:"不要关游戏呀!我挂机。"话还没说完,只见爸爸脸一沉,狠狠地瞪了我一眼,将手机狠狠地砸在地上。手机立即粉身碎骨了。爸爸厉声对我说:"别满脑子想手机!"

说是严父,他又常常十分亲切慈祥,像我的挚友。我们常像老朋友一样勾肩搭背地散步、闲聊,此时的他,全然没有一丝严父的样子了。

爸爸有时很固执,永远不同意我把手机放在床头充电,吃饭时左手必须放在桌上;有时他又很随和,在学习成绩上,他从不对我有过高的要求,觉得尽力就好。

我的爸爸就是这样一个自我矛盾的"怪人"。但无论是严父也好,挚友也罢,无论他是固执或是随和,我都深深地爱着他——每一种状态的他。因为我心里明白,无论他是严父或是挚友,是固执或是随和,他都深深地爱着我。

巧　合

王　妍

当我经历风风雨雨，才明白，我的巧合是父母的爱。

没有踏遍千山万水，不懂自然万物有无巧合，没有看尽人间繁华，不知世间巧合何在，但与父母一起度过十三载，却发现巧合无处不在。

就在昨日，因周末感冒的我在学校上课时竟发了烧，从一开始的不适到难受，再到难耐。头疼欲裂，全身发热，四肢酸软。同学三三两两都来询问，可仍没消除我心中激荡的恐惧与难耐。我就像一叶迷路扁舟，急需港湾耀眼的指路灯与温暖怀抱。迷迷糊糊地漂浮着回家，思想像放了手的气球，飘飘荡荡，扶摇直上。心中反复念想着，父亲一定要在家，回家时面对的是温暖的饭菜与呵护，而不是冰冷的四壁和寂静。摇着晃着支撑到了楼下，按响熟悉的门铃，平日的短暂变成了漫长。所有的力气与信念汇集,"叮"——身体与心都放松了,暗自惊叹着欣喜:真是一次巧合!病痛时看着父亲忙忙碌碌,心安之余是深深的感动。傍晚母亲回来时我同她说了此事。母亲一脸幸福:"看看你父亲,周末知道你着了凉。今日降温,我中午又不能回来,特意给我打去电话,让我在厂里休息。说是你生病了有他在,早早出了厂,在家等着。你真是有个好父亲!"我诧异,原来这不是巧合!

耳畔的话语突然和记忆重合:小时候,在奶奶家里的我想家了,父亲就巧合似的赶来了;长大些,在幼儿园得了奖想给父亲看,父亲就巧合似的出现在门口朝我微笑;上一年级了,只要在学校受了欺负,父亲就巧合似的来到了学校——解决;现在呀,在发烧难耐时想家中有爱我的父亲,父亲就巧合似的早早下班,静静等候细细照顾。猛地一股酸意漫开来,抽了抽塞住的鼻子,不只是为了驱走那病毒,还是为了止住那要溢出的泪。

何谓巧合?

是父母那细致入微的爱!

巧合为何?

是为了宝贝的幸福快乐,茁壮成长!

藏在鱼头汤里的爱

陈 瑜

没有了明亮星星的夜空,不再那么迷人;没有了晶莹露珠的花朵,不再那么鲜艳;没有了无私母爱的人生,不再那么精彩。生活中的母爱,无处不在。

一天傍晚放学,经过邻居家门口,闻到了一阵香喷喷的鱼头汤的味道,于是,我小声嘀咕道:"好久没喝鱼头汤了,好想喝啊!"回到家,看到一桌丰盛的饭菜,瞬间就把鱼头汤的念头抛到了九霄云外。第二天早晨醒来,我习惯性地走进厨房询问妈妈当天的早餐,发现厨房里空无一人。我把家里找了个遍,仍没发现妈妈的踪影。我扭头看了看墙上的钟,才六点十五分,这么早,妈妈去哪儿了呢?这时,我发现了餐桌上已准备好的早餐,于是也没再纠结,做完自己的事就上学去了。

中午放学,我跟只饿虎似的,冲进家门,扔下书包,洗了个手,扑到餐桌前,举起筷子就准备"开战"。这时,妈妈笑嘻嘻地从厨房里端来了一碗乳白色的汤,小心翼翼地放在餐桌上。一阵诱人的带着淡淡腥味的香气扑鼻而来,我放下手中的筷子,用力地吸了一口弥漫在空气中的香气,这……这是鱼头汤!这是我昨天傍晚还在嘀咕的鱼头汤!没想到我不经意间的一句话,妈妈竟记在了心上,还一大早起来去给我买鱼头。我的心像是被一双温暖的大手捂了起来。妈妈端起我的碗,慢慢地往碗里舀了几勺汤,轻轻地把碗送到我面前,满脸期待地望着我。我拿起调羹,轻轻地吸了一口,细腻的汤汁带着细心的爱滑进了我的肚子里。我满足地说了一声:"好喝!"妈妈的嘴角不自觉地扬了起来,露出了三岁孩子般灿烂的笑容。她起身,又去拿了个干净的碗,往碗里又舀了几勺汤,像是对我讲话,又像是自言自语:"我就知道你最爱喝我炖的鱼汤了。好喝就多喝点,别浪费。幸好我这次没放葱、蒜,我知道你最不爱吃这些东西了……"望着忙碌的妈妈,我幸福地笑了,想着是不是该用更好的成绩去回报这么努力的妈妈。

　　母爱就像鱼头汤,淳、浓、香、甜,因为那是灌入满满的爱去炖的。记忆中最爱妈妈炖的鱼头汤,因为藏在汤里的爱永远都让我感到幸福。

爱在我身边

幸 福 的 我

郑晓雨

顶着阵阵寒风,走在回家的路上,寒风刺骨地刮过我的脸,"好冷——"渐渐地,脸上出现了龟裂的痕迹,嘴唇竟也变成了白色。一路小跑到家门前,不舍地抽出那口袋里温暖的手,哆哆嗦嗦地打开了家门。

"宝贝女儿,你回来啦?!"一进门,老妈就给了我一个安心且温暖的怀抱,推推搡搡地把我弄到餐桌前,把热乎的玉米浓汤端到我的面前。"赶紧喝吧!还热乎着呢!肯定冻坏了吧?"浓汤飘起的热气把母亲的脸庞映得朦胧,鼻子一酸,心中一股暖意流淌着……

临近期末,学习上的压力压得我喘不过气来,每天不管怎么赶也赶不完的作业,做不完的考卷,真是头疼死了。这时,她推门进来了。"累坏了吧?"她走到我的身后,把牛奶放在我的桌前,便开始轻轻地按摩起了我的太阳穴,轻柔又舒缓,手指间传来淡淡的热意,是母亲浓浓的爱啊!看着桌上正冒着热气的牛奶,心里也热腾腾的……

周末母亲拉着我到楼下打羽毛球,说是要让我锻炼身体,刚开始还不太熟练的我随着时间的推移慢慢地越发熟练了起来。"哎哟,没想到你打得还挺不错的嘛!"妈妈朝着我喊道。"那是!也不看看我是谁咯?""夸你两句尾巴就翘上天去了?我可要动真格了!""来啊!我可不怕你!"结果,不到五个回合我就败下阵来。羞得我满脸通红!唉,果然虚心使人进步骄傲使人退步啊!看着因我情绪不佳而正在向我跑来安慰我的母亲,心里既心酸又幸福……

其实幸福就是那样的简单。一些平常琐事,一些生活中的点滴都可以让我们感到幸福,幸福就是用心充分感受生活的美好与喜悦啊。就像我现在——沉浸在幸福的光晕里,淡淡的,悠长的……

"碎碎"平安

赖文卉

报春鸟,报春晓,谁家做红袄;又是一年最好时节暖阳照。花含苞,风里俏,小草露尖角;春里一杯酒清甜叫人叹妙。风追着,蝴蝶跑,春里趁趁早;早起迎春要叫财神快快到。春节到!

2016年,它带着所有的不快乐悄然而去;2017年,它又带着新期盼纷然而至。记得小时候,家中过年时是最忙、最快乐的。一家人早早地起床,母亲拿出糯米粉,白白胖胖的汤圆在母亲上下忙活不停的手中蹦出。春,到了。家里有个不成文的规定:每逢春节,必要打碎一件小瓷器,有时是小瓷勺,有时是瓷碗。而每逢那时,母亲不但不生气,还会笑着说:"碎碎平安,岁岁平安!"年年岁岁皆是如此。

这不,吃完了汤圆,母亲就在茶杯里泡上了新年茶,澄清的茶水由细碎的阳光从玻璃杯里、白瓷杯中透了出来，印在茶桌上，仿佛一块斑驳的印记。突然，"砰"的一声，父亲"不小心"将小瓷杯打碎了，他歉疚地笑着，母亲拿着扫把，一边清扫一边笑着说："打了好啊！碎碎平安，岁岁平安！"还拉过父亲的手瞧瞧有没有伤着。

喝完了茶，母亲笑着说："小卉，你的惯例没说没红包哦！"我赶紧接道："哦哦！妈妈，身体健康万事如意恭喜发财——"我顿了一下又道："红包拿来！"父亲大笑，故意叹道："唉！怎么就生了你这么个'小财迷'啊！"一家人哈哈大笑，母亲拿着红包对我说："嗨，'小财迷'收钱喽！"我喜笑颜开，摇摇红包，咦，怎么有"叮当"的声儿？母亲了然我的疑惑："装了一点儿碎钱零头进去，祝福你岁岁平安！希望你有出头之日！"我笑着，点头称一定会的。

将还是热热的红包贴在胸口，我感受到了来自于父母亲的祝福和期盼。外头的鞭炮响着，我望着一年比一年高的小树换了新绿，后山头上的小奶猫也壮实不少，过路的人走在石板路上，脚步伴着笑，细细碎碎的，仿佛新生长在石板路上的青苔似的；鸟鸣花绽，一年春色好景一览无遗。春又到了，每一年的春节都相差无几，变的是我的、父母的岁数，不变的是一家人由始至终的温馨与爱。

碎碎，岁岁。那碎碎的片段串成了岁岁成长的我。如母亲所说碎碎平安才能岁岁平安。岁岁，碎碎。他们的白发我的成长。碎碎、岁岁皆是爱。

平凡的您，我的母亲

陈加煜

她，在茫茫人海中是那么平凡，但在我心中却是那么伟大。她，精心地呵护我，引领我健康成长。她就是我的母亲。

每个工作日的早晨，母亲总是在六点二十准时起床，为我准备营养早餐。直到等我吃完早餐，母亲才打着哈欠，靠在沙发上闭目养神一会儿。没休息多久，就又赶着去上班。傍晚，当她拖着疲惫的身子回到家，没有休息片刻，立马为我准备晚餐。她永远都是先问我"饿了没有"，她从不抱怨"今天上了一天班，实在累"这一些话。作业繁重，我常常做到很晚，母亲总会在晚上九点钟左右给我端来一杯牛奶，并且要看着我喝完才离开。母亲每天晚上也总是陪伴着我，我作业写到几点，她就陪我到几点，等我关了灯睡觉她才回到卧室。这就是我的母亲，生活上无微不至地照顾我，学习上用心地陪伴我。

　　我的母亲也是一个很有责任心的人。她是一名技术主管兼预算员，每天与建筑打交道。她要给楼房做建筑预算，以确定价格。因此，母亲工作时非常细心，常常在电脑前一坐就是一天，还经常在晚上、周末加班。我曾经劝母亲："您每天工作这么辛苦，经常加班，却没人知道，更没人给您加工资；您算得再认真，也是给你公司赚钱，您还是领工资，何必这么辛苦呢？"母亲严肃地对我说："虽然我辛苦却默默无闻，但我自己问心无愧；计算失误，少则几千，多则几十万的偏差，这可不是一笔小数目。况且有些款项还涉及施工安全，更不能马虎。"母亲的这番话深深地印在我的心里，我也渐渐增强了责任意识，养成了对事认真负责的习惯。这就是我的母亲，我在她的言传身教下，也渐渐成长为一个有责任心、有上进心、会照顾人的人。

　　这就是我的母亲，平凡而又不平凡，如一盏明灯，照亮我前进的路途。

给爸爸妈妈

陈铭俊

"门前老树长新芽,院里枯木又开花……"

那一年的春晚上,这首歌曲不知赚得了多少眼泪,少不更事的我只是单纯觉得这首歌动听,并未觉出歌里有多么深厚的感情,也全然不理解你们的悲辛。

我这种人总想得很多,有事没事就喜欢瞎琢磨,有时候细想,我们的每一次争吵都那么小家子气,鸡毛蒜皮的小事,总是我们大动干戈的导火索,何必呢?我明白你们对我的爱,你们为我做的努力我也都看得见,但我也希望你们能正视我的努力,不要只是几句嘲讽或是冷眼,这让我很难过,像是被你们抛弃……

当然,毕竟朝夕相处,我有时候也会想啊,如果有一天没有了你们,我的生活会是什么样的,应该会很难过吧?想想看:没有人给你买好早餐还为了你的生活奔波,没有人在外地一个人艰难地工作还能笑盈盈地回到家,像变魔术一样忽然从包里变出好吃好玩的带给你,没有人还会偶然地给你唱摇篮曲,没有人带你去各种秀美的地方旅行……再也没有人能让你那么安心,让你在深夜里安然睡去——所以,我不能没有你们!

其实我很清楚的,家里的负担,工作的艰辛,生活的重压,我都能理解;我也明白母亲为什么总是一脸倦容,因为我看见了您总响个不停的电话;我也知道父亲对我的每一个微笑背后有多少心酸无奈,因为您曾在醉酒后对我诉说岗位竞争的困难,那么失落。

其实我一直都很喜欢南拳妈妈唱的那句歌词:"吃你煮的鱼,恨我还不能养你。"天下子女对父母的感情都不亚于"父母心",父母所做的,孩子都看在眼里。爸爸妈妈,你们真的是很累了吧?累得我也感同身受。

——因为,你们脸上一道道皱纹,都刻在我心里了。

忘不了你

陈 懿

我忘不了你,你的每一个笑容都深深地印在我的脑海里;我忘不了你,你的每一句安慰都牢牢地刻在我的心田;我忘不了你,你的每一个举动都让我永远牢记。我忘不了你——我的外婆。

小时候的我,并不是特别喜欢你。因为你是从农村来的,肮脏的衣服,粗糙的双手,满面的皱纹,这些总让我反感。而妈妈还准备把你接到家里,这让我埋怨了好几天。但没办法,你还是来了,提着大包小包的农村特产出现在车站,让我觉得你和这繁华的城市格格不入。

你在我家住了下来,我的书房成了你的卧室。我是有百般的不愿意啊,可还是拗不过妈妈。我的书房一下子变得杂乱无章,被你从乡下带来的"土东西"填满了。

最让我讨厌的是那一次,我考了一个不错的成绩,把考卷拿回家给妈妈看，恰好你也在一旁，你看到了后竟然用你那肮脏的手来抚摸我的脸。我极力想挣脱，可是却跑不掉。你问我要什么礼物，我随口说了句我想吃芒果，你点了点头，但殊不知这大冬天的哪里来的芒果呢？

过了几天，这件事我早就抛在脑后了，突然有一天，你神秘兮兮地把我叫到屋里，从抽屉里拿出几个带有黑色斑点的芒果。我看到这猛然想起前几天的事，心头咯噔一震，我原本以为你是在忽悠我呢，没想到你真的买来了。你拉住我的手，让我尝尝好不好吃，这一次我没有挣脱你。

后来听妈妈说，你为了买到芒果，跑遍了整个城市的大小店铺。那样冷的天气，对你来说那么陌生的城市，我甚至想象得出，你是怎样用笨拙的半洋半土的"普通话"和别人问路，和别人交流，和别人讨价还价。回来的路上，你为了避让一辆摩托车还崴了脚……从这以后，我不再那样讨厌你，你表扬我，我会欣然接受，我们之间的感情也渐渐变好起来了。

如今，你永远离我而去了。但是我亲爱的外婆，我永远不会忘记那散发着浓浓香气、饱含深深爱意的芒果。

我更不会忘记你——我的外婆。

我的好外婆

谢纤纤

小的时候,妈妈总是很忙,印象之中,大部分时间都是外婆在照顾我。

那时顽皮,每天去幼儿园时都想挣脱外婆的手,然后跑过去。外婆总是皱起眉头,装作生气一般责怪我,而后,把我的小手牵得更紧。她总是把我送到幼儿园门口,看到老师了,她才放开我的手,看我欢快地跑过去时,无奈地笑着。

外婆信佛,每天早晨她都会早早地起来,念经拜佛,晚上也是一样,她已经坚持了好多年,这似乎已经成了她生命中的一部分。忆起那时,外婆总说我好乖,一觉睡醒之后没看见她,也不会哭闹,只是静静地坐在床上,听着她念经。等到外婆念完经了,我仍乖乖地坐着,没有一点儿不耐烦,甚至还觉得十分有趣。久而久之,我耳濡目染地也会念一些经，唱一些佛歌，外婆总是摸摸我的头，告诉我："我们阿纤真棒！"

周末的时候，我总要和外婆去爬山。那时的我，矮矮的小小的，爬不了多少路，便一直嚷着累，要外婆背我，外婆摸了摸我的头，笑道："这点路就爬不动啦？来，外婆背你爬到山顶去！"我不记得外婆一共背了我多少次，爬了多少次山，我只记得，那时的她，已然五十余岁了，满头乌发中渐有白发；只记得，走在路上她与我开的玩笑："现在是外婆背你爬山，等你长大以后，你来背外婆爬山好不好？""好！外婆你要等我长大！"那时的我偏着头，认真地说。

七岁以后，妈妈开始亲自照顾我，我见到外婆的机会也越来越少。如今再见，我心中酸楚一片——曾经的乌发已成白发，记忆中宽厚的怀抱也已消失不见。突地发现，外婆甚至没有我高，她的手也是粗糙不已，心中不禁思绪万千。

外婆带我的那段日子虽然不长，但是我弥足珍贵的记忆，令我感到温暖。

我的好外婆，我永远爱您！

我最爱的那个人

黎 暄

夜深人静的时候,我一个人独自躺在床上,我总会想起他。他,就是我最爱的人——我的外公。

小时候,我十分顽皮,平时又只有外公外婆在家,顽皮的我总是给他们惹是生非。

我一岁多的时候有个外号叫"小奶牛",一天要喝八盒250毫升的鲜牛奶,因为外公当时身体不好,妈妈就给我们一人订了一份鲜牛奶。每天下午三点左右,我都会准时搬一张小凳子坐在门口,等着来送鲜牛奶的阿姨,鲜奶一到手,我就用牙咬开牛奶的包装袋,然后一口气把整包牛奶大口大口地挤进嘴里喝完,接着又乘着大人不注意喝掉另一包,当大人问我牛奶哪里去了,我就说:"不知道。"可是垃圾桶里的那两个包装袋却说明了一切,这时外公总是笑呵呵地摸摸我的小肚皮逗我说:"牛奶认门,早早就跑到我家宝宝的肚肚里去喽！"

外公会许多东西，小时候在我看来他是无所不能的。不论遇到什么问题，外公总能回答出来；玩具车的轮子掉了，是外公修的；故事书的书页散了，是外公一针一线订好的；就连学走路，都是外公在床边用木条订上一圈五六十厘米高的护栏，让我扶着学会走路的。外公在床上教我识字，给我讲故事，外公还会唱摇篮曲哄我睡觉。

外公这一生热衷于修理钟表，他买了许多修理钟表的工具和书籍，时常坐在书桌前研究它们，我就静静地坐在床边看着，不说话，不哭也不闹，听话极了。外公还会弹钢琴、弹吉他、拉二胡和拉小提琴，还会吹口琴，我最爱听的摇篮曲也是外公自己编的。

外公已经去世很多年了，但在晚上的时候，那首摇篮曲却还时常萦绕在我的耳边。"妹妹眼睛小，眼睛小，爱睡觉，外公坐在摇篮边，把篮摇，我的好宝宝，安安稳稳来睡觉，今天睡得好，明天起来早，刷牙洗脸来做操……"

触动我心灵的一件事

郭晓薇

我静默在黑夜里,伴着桌上明亮的灯光,细细地解一道与我纠缠已久的数学题。草稿纸上,笔墨留下的痕迹像一团毛线浮在我杂乱无章的心头。

"咳,咳——"门外突然传来一阵急促的咳嗽声,有明显起伏不定的喘息。一股冲动涌上心头,我心神不宁地将桌上的草稿纸捏成一团,露出狰狞的面目。深深地吸一口气,理智终于一点一点战胜了冲动,双手松懈地垂放下来。可是,我还没能完全压住自己躁动的情绪,那阵沙哑含糊的咳嗽声再一次冲进我的耳里。积压在心头的烦闷与愤怒,终于被这无名的星星小火点燃。我感觉我的世界如同火山爆发一样,熊熊燃烧。

我像一只被踩了尾巴的猫,跳起来朝门外的父亲歇斯底里地大吼:"吵什么吵!很烦,你知道吗?"我怒目圆睁地注视着父亲那双像被大雾笼罩一样迷茫空洞的眼睛，他欲言又止，我不耐烦地看了看他，然后又重新回到了书桌前。

时钟"嘀嗒"作响，我终于解出了那道烦人的数学题。门外不知何时变得异常寂静，怕是连一根针掉在地上的声音都能听得见。抬眼望去，窗外竟飘起了飞扬舞动的雨点，倾斜的雨丝笼罩在夜幕里。

忽然有种释然的感觉，便情不自禁地走到阳台，迎面扑来的那股清爽的凉风使我郁闷的心情平静下来。我静静地望着乌云密布的天空和朦胧的雨帘，低下头一个黑糊的身影闯进眼帘。他在街道的路灯下漫步，微弱的灯光把他的背影拉得很长，衬着雨水滑过的背影竟是那么孤寂荒凉，心跳莫名地漏了一拍。这么晚了，会是谁呢？我揣着疑问，盯着他的一举一动。

那个人顿时像触电了一样回过头，朝我的方向望来。那人，那人竟是我十多年来最熟悉的人——我的父亲！那一刻，我全身上下的细胞都仿佛静止了一样，两眼呆滞地伫立着。我无神地看着父亲疲倦的脸庞，想起刚才我青筋暴跳朝父亲发泄的情景，一股燥热火辣辣地烧上我的脸颊，那克制不住的泪花已像潮水一般源源不断地流了下来。我不容许自己再继续停留，匆忙拿起一把伞，一路奔跑到父亲身边，边扶他向家里走去，边小声地啜泣。父亲溺爱地朝我笑了笑，帮我擦拭脸上的泪水，说："傻丫头！"

父爱，像那飞扬的雨水，滋润着我干枯的心田，又好似暖流拂过心头，一点一点，轻轻地拨动着我的心弦。

看到绿叶我就想起你

谢晓颖

一阵秋风吹过，带着丝丝凉意却又意外地令人舒爽。这样的微风，带着几片枯黄的落叶从我身边飘落。捡起一片落叶，你的音容笑貌浮现在我的脑海中……

记得刚刚步入小学生的行列时，学校这个神圣的殿堂不禁让人有些慌张。是你，用春天般温暖的笑容化解了我心中的不安与忧愁。那时，就觉得你像春天的绿叶：充满着活力和一种让人心安的"绿"。看到这种"绿"，我仿佛充满了向上的动力和蓬勃的朝气。那种"绿"，让人经久不忘，那个笑容，经过时间的洗礼到现在仍然清晰。这或许就是历久弥新吧。

直到三年级的时候嫩绿的叶子变成了墨绿的。因为墨绿不比嫩绿，墨绿之中透出一丝严格。你对我们也更加严格了，因为三年级已经不同于一、二年级了，我们也渐渐有了自己的意识和行为。正是你这一点点严格的墨绿，让顽皮的孩子们又被驯服成乖顺的小羊，慢慢走在正确的轨迹上。

到了五年级，我们开始吵吵闹闹，总是很激动。此时，你是火红的枫叶。性格温和的你突然变得脾气火暴，对我们严加管束。也正是你的严加管束，让我们在那个总以为自己"长大"了的时期安分下来。但是，那时的我们还不明白，这火红的枫叶中充满了满满的爱啊。

我们走进了六年级，你总是说：你们长大了，我也不想什么都管。现在，你是干枯的落叶。虽然你嘴上说着不管，但是心里却万分地为我们担忧、着急。我们那时都不曾注意，六年的陪伴，岁月已经将皱纹和白发留在了你曾经精神焕发的面孔上。窗内的你，还在孜孜不倦地讲课。窗外的叶，却悄无声息地飘下。

六年的时光，你陪着我们走过了六个春秋冬夏。叶子，也从最初的嫩绿变成了最后的枯黄。但我希望，当春风又吹绿大地时，叶子又充满生机。

一个美丽的错误

洪 蕾

我从小就不喜欢学校,不是因为讨厌学习,而是因为害怕老师。幼儿园的时候老师住在我家隔壁,我都不敢一个人出门玩耍,就怕碰到老师。小学的时候坐老师的车回家,一路上什么话也不敢说,只有下车的时候才匆忙朝老师挥挥手,飞速地跑上楼。所以,一直以来,我与老师的私下来往并不多。

那是一个平常的早读课,罗老师像往常一样在教室后面批改我们的语文作业。早读快结束时,他也照旧拿着几本不合格的作业喊人过去谈话。我打死也没有想到竟然会喊到我的名字!自打罗老师教我们以后,我的作业就很少不合格,尤其是语文作业。看着同组的同学惊讶加上嘲讽的眼神,我故作镇定地从座位上站起来,走向教室后面的"目的地",心里却不安地在想着:"完了,这下子是要死定了！"

罗老师很快地向别的同学说明了他们作业的问题，看着身边的同学一个个拿着作业回去，我的心跳得更快了。很快就只剩下了我和罗老师。他翻开我的本子，边翻边说："你啊，你都很久没出现在我的地盘了吧？"我想他是在暗指我的作业竟然会不合格，于是很小声地"嗯"了一声。看着他手上的动作，我想着接下来我将会受到怎么样的责骂。

他很快翻到了那一页，又往前后翻了翻。过了一会儿他才奇怪地自言自语："咦？你的作业不是合格了吗？那我为什么把你叫过来？"我随即长吁一口气，心里的石头也落了地，同时期待着他接下来怎么收场。只见他不好意思地挠挠头，然后笑着说："是我犯错了，你的作业做得挺好的，可能是我太久没跟你说话了，想找你谈谈心呢！"

他居然立刻就想出了这么一番可爱的说辞，我也不禁笑了起来——原来老师也会有糊涂的时候啊，但老师糊涂却糊涂得可爱、可敬。我那个从小对老师感到害怕的心结也好像随着这件事解开了，那一个个严肃古板的身影逐渐变为和善活泼，我的心里居然松动了一下——老师，没什么可怕啊！

那天放学时，我走出校门前，向正和其他老师聊天的罗老师说了声再见，他也笑着对我挥了挥手。我想，我们的校园真美啊，美就美在有这样的会"犯错"的老师！

感谢您，老师

——致小学语文老师的一封信

叶麟璇

亲爱的老师：

您好！

老师，您知道您在我心中的形象吗？似深邃辽远的天空中的星星，似滋润万物的春风，更似辛苦劳动、默默奉献的园丁。

柳叶眉，小眼睛，透出慈爱的光芒。您的身材高大，笑起来十分爽朗，很阳光，很活泼。

您是阳光，也是雨露。您不像别的老教师那样，您总是善解人意。您也不像那些实习老师，您对我们又稍稍严格。在犯错误时，您总是充满耐心教育着我们，那挂在墙上的戒尺早已沾满灰尘。有同学成绩下降时，您便下班后每天留下来耐心地一遍一遍不厌其烦地教着。或许就是因为有您这样的老师，我们班的语文都不错吧。

您是老师，也是母亲。不知您是否还记得，在我满十周岁的那天，您送我的那个小小礼物。那是一枚精致的邮票，玲珑小巧。上面画着一条小小的青蛇——我的生肖。这枚邮票虽小却很温馨，让我心中充满温暖。我清楚地记得那是一个普普通通的雨天，一位普普通通的老师和她普普通通的学生，却有一份不平凡的感情，就如同母女一般。此后，老师您对我更加呵护，也更加严格。各种竞赛活动您都会帮我报名，是您，让我有了展示自己的机会。也是您，让我感到了校园的温暖。

亲爱的老师，我马上就要毕业，离开这个学校、离开您了，但我不会忘了这份情谊。谢谢您多年来对我的关心和爱护。我要更加努力，在语文学习方面更上一层楼！好了，不写那么多了，我可不能耽误您那么多时间，对吗？

祝：身体健康，事业顺利！

您的学生：叶麟璇

2017年5月20日

良 师

祁子妍

> 生命中的有些人，让你永远抹不去。
>
> ——题记

那场比赛，至今让我难以忘怀。对在这比赛背后默默付出的指导老师，我感激不尽。

那是小学时的一场演讲比赛，班里人才济济，能说会道的同学一数一大片，但班主任却选了在公开场合讲话会发抖的我。从此就开始了噩梦般的训练。

每天早晨要比平时提早半小时起床练习，大清早饿着肚子，练得口干舌燥，演讲稿的文字一次次在我脑海里不停地打转。到了学校，下课之后老师就会第一时间抓住我，硬把我拉到天台上，声情并茂地训练演讲，还引来了同学们奇怪的目光。老师总是不厌其烦地纠正我的姿势和动作，亲自示范给我看，教我怎样演讲更能打动人。放学后，她耐心地留下来，陪着我一遍遍地修改演讲稿，讲解文字所蕴含的意境、情感。不厌其烦地训练，让我对演讲内容一点一点地熟悉起来。常常是我回家了，老师还留在学校帮我继续修改演讲稿，让我觉得有些愧对老师。日复一日地练习，我的演讲终于有些起色，对自己也充满了信心。

到了比赛的那一天，我在老师和妈妈的陪同下来到赛场。心跳像一个个小鼓，有无数个人在敲打，手心不停地出汗，全身瑟瑟发抖。握着演讲稿的手不停地揉搓，另一只不停地搓着衣角。老师见状忙安慰我："没关系，放轻松，尽自己最大的努力就好！"老师的安慰犹如一颗定心丸，给了我很大的鼓励。轮到我上场了，我充满自信地走上去，深深地吸了一口气，告诉自己："一定行！"演讲开始后，我完全忘记了紧张，全情投入，越来越激动。我也看到了老师关切的目光，不停地为我加油。演讲结束时，全场掌声雷动，我成功了！老师露出了欣慰的笑容。我相信，这是我给老师最好的回报。

这次演讲比赛我取得了二等奖的成绩，不仅提升了我演讲的能力，还让我从此以后更加自信从容。感谢您，我生命中的良师！在我生命的历程中给予我无私的关爱和帮助，愿您永远美丽！

我的数学老师

邓佳惠

在我的一生中,有许多重要的、令我难忘的人。他们在我的生命里留下了斑斓美丽的印记,写下了光明温暖的诗篇。让我在沉寂的岁月缝隙中,去怀念,去追忆他们。其中一位,便是我五年级的数学老师,陈老师。

陈老师是一个温柔美丽的女老师,她有一头自然卷发和一双大眼睛。虽然她已经五十多岁了,我却觉得她仍然十分美丽——或许,这是因为她的心是那么的慈爱、温柔、智慧吧?

我们这个班是陈老师从一年级带起的,感情深厚。她对我们就像对待自己的亲生孩子一样。她时常说的一句话就是:"你们这个班是我从一年级带上来的,你们都是我的孩子。"

记忆有些模糊,那些零散的记忆碎片,刻着陈老师对我们班的爱。好像是四年级,那时的我因为学习成绩好,就开始骄傲,上课开小差,与同桌讲话。老师们一开始包容我们,觉得我们自己会认识到错误,改正过来,却没想到我们越来越放肆,公然在老师眼皮底下大声说笑。终于,一天傍晚,陈老师把我和我的同桌留在了教室。

"小姑娘们,最近有些骄傲啊。"陈老师笑眯眯地向我们说。没等我和同桌反应过来,陈老师就接着说:"其实你们的一举一动我都看得清清楚楚,只是不想说。要是捅破了这层窗户纸,你们这几个自尊心强的家伙怎么受得了?你们是好学生,要给别的同学做榜样,总不能让他们学你们上课开小差吧。上课认真是对老师的一种尊重,看看你俩,尾巴都翘到天上去了。"听完陈老师的一席话,我们既惭愧又感动,她在我们的心目中的印象变得更亲近、更和蔼了。

陈老师年纪大了,要退休了,不能把我们班带到毕业了。六年级时,她转为我们的品德老师。我们心里都有些失落,因为见到陈老师的机会就少得可怜了。我们珍惜着和陈老师相处的一分一秒。有一天,陈老师告诉我们即将退休的事,还带了一小箩筐的橘子。她说这是她自己摘的,分给大家,希望大家能够开心。捧着橘子,脑海里闪过陈老师和我们一起度过的快乐时光,不知怎的,鼻头有些酸涩。看看别的同学,也是一样。

现在,我马上要步入初中,走进了新的校园,但陈老师那微微含笑的美丽脸庞,将永远印在我的心底。

我的英语老师

崔艺婷

刘老师,一位英语老师。他个子不高,鼻梁下架着一副眼镜。他是一位风趣幽默的好老师!

刚开学,我便成了班级英语课代表,这让老师很快认识了我。一天上课,刘老师让同学们背书。由于时间不够,他放下书本,和颜悦色地说:"同学们如果有不会背的,下课再找崔丫头背一背!"话音刚落,大家疑惑不已。"崔丫头"是不是说我啊?我百思不得其解,皱起眉头,注视着老师。只见刘老师瞅了瞅我,望着大家一双双充满好奇的眼睛,笑着说:"就是英语课代表,崔小丫头呀!"大家心中的疑惑顿时烟消云散,将目光聚焦在我身上。"崔丫头,知道了吗?"老师微笑地对我说。我望了望四周笑嘻嘻的同学,"毅然"接受了任务。之后,这位幽默老师给我取的"外号",便在班级广泛传开了,每当大家这样叫我，我心中总是甜甜的。

刘老师的语言幽默功夫可非常了得。上次，我负责将练习卷发给同学们，发完之后，我便将剩余卷子抱回办公室，正好刘老师在里面批改作业。我慢慢地将卷子放在桌子上，扭过头，笑嘻嘻地对刘老师说："刘老师卷子分好了！"只见他转过头，认真地问："每人都分到了吗？"我点点头，回答："对，每人都有！"刘老师听了笑了笑，放下笔，用严肃的目光注视着我，说道："哦，美人都分到了，那不美的人怎么办？"我一愣，心中充满疑惑。老师立刻补充道："你语文用词不当啊！如果这是辩论会，还不是让对方钻了空子！"我恍然大悟，看着老师，我"惭愧"地低下了头，笑在脸上流。对刘老师幽默功夫心生敬佩。

刘老师是我们的英语老师，拥有这样一位风趣幽默的老师，我相信，在学习英语的时光中，一定很快乐。

爱在我身边

王 璟

时光一去永不回。生活，让我经历了百千之事，虽然让我渐渐忽视，渐渐麻木，直到蓦然回首，才明白，其实爱就在我身边。

乌云遮日，雾霭沉沉，如同笼子般笼罩着大地。一场小雨淅淅沥沥地下着，河边的走道空无一人，只有流水脆响。几声孤寂的鸟鸣回荡在天空之间。我孤零零地走着，任凭那小雨扑面而来。雨水与泪水结合在一起，渐渐地湿了衣服。我时不时用脚踢一下石头，以发泄心中的不满与怨气。回想刚刚赛场上的失利，我用力捶捶胸口，责怪自己身为队长的无能。

突然，一把伞出现在我的头上，抬头一看，你微笑地说："刚刚听你队友说，比赛一结束你就跑出来了。我就料到你会来这儿。"你一边说，一边递给我一张纸巾。

我哽噎了:"我……我……"但还是说不下去。你却拍了拍我的肩:"没事,不就一场足球赛吗?输一场没关系的。"但我却急了,用力地推你一下,向你吼道:"什么叫没关系,这可是最后的晋级资格赛啊!"这声音在天空中盘旋了许久,许久,连我自己都被这声音吓到了……渐渐地,雨下大了,我向家的方向跑去……

过了几天,你又找到了我,什么也没说,一把拉住了想"逃脱"的我,直奔足球场的方向。我想挣脱,可是心里却有一种好奇。你刚把我拉到足球场,只见你拍拍手,几个人头从草丛中冒了出来……也不知是你的计划,还是他们故意认输,那一天在你的鼓励和支持下,让我找回了信心,我释放了所有的阴霾。

如今,那场足球赛在我的记忆中已经有些模糊,但我还记得你说的最后一句话:"这是我送给你的礼物。"可是,几天后我再去找你,我才知到你早在前些天已回老家读书。我这才恍然大悟,以这场足球赛为礼物的意思……

坐在窗前细细品味,望着树上即将飘零而飞的枯叶,仿佛那就是一幕幕我与你的记忆。我们就似那枯叶,在秋风中悄然无息地分别了。我那早已麻木的内心,早已麻木的灵魂才意识到有多少爱其实就在我咫尺身边。可笑的是,大多数情况下,我并没有感受到,没有真正静下心聆听周围爱的声音,也就只能用这寥寥几笔记下我们早已模糊的友谊了。

谢谢你,我的朋友,来日方长!

难忘那张带笑的脸

何锦绣

窗外的栀子花散发出淡淡的清香,亦如你的笑颜映入我的心房,久久不去。

——题记

还记得我们一起去过的海边吗?现在我又到了那里,可是你已不在我身边。还记得我们一起埋在那棵树下的写给对方的信吗?现在我又到了那里,可你依然不在我身边。

一次偶然的机会,我遇见了可爱的你。

蓝色的幕布上,绣着火红的花朵,旁边几朵白色的小花作为点缀。我捧着一大摞作业本艰难地走在去老师办公室的路上,我一路小心谨慎,唯恐撞到人或被调皮的小石子绊倒,但是,"哎哟!"我们两个都随着作业本摔在地上。"对不起，对不起，你没事吧！"我连忙把人拉起来，拍拍她身上的灰，连声道歉，心想："要被骂了吧。""没关系，我没事。"意料之外的，温柔的女声，"倒是你，没摔疼吧！"我回过神来："没有，没有，是我撞到你的。""没事。"她清亮的声音传来，"我帮你捡起来吧！"她蹲下身，我才看清她的样子，一个长发的女生。我也蹲下捡本子。"我帮你送到办公室吧！""没事，没事，我自己来就好。""没关系的，就当是对我赔礼道歉。"她说完抱着本子转身就走，一点儿也不给我拒绝的机会。就这样。在这个阳光无限好的夏天，我认识了她。她手工很好，折纸、剪窗花样样不在话下，周身充满了艺术细胞。

但是，八月底。"我要走了。""什么！你要去哪儿？""杭州，我要去那儿读书了，以后可能也不回来了。"她说着就哭了出来，我也哭，因为朋友将要远去。临走时，她送了一个日历给我，她亲手做的。目送她远去。我又来到那棵树下，许下希望她回来的愿望。

当日历上的红圈和批注越来越多，当明天变成今天又成了昨天，最后成为记忆里不再重要的某一天。我们突然发现自己在不知不觉中已被时间推着向前走。在静止的火车里，与相邻列车交错，仿佛自己在前进。是我们在真实地成长。

忘不了你

赖梦萍

都说童年是人一生中最愉快、最难忘的时光，对我来说，更是如此。即使斗转星移，你已离去，但那抹美好的回忆，永远藏在我的心底，根深蒂固。

我——忘不了你。

也许是你的天真可爱，也许是你的机智敢闯，又或许是我们差之毫厘的性格与爱好。这一切的一切都促使着你我从素不相识到出入成双，形影不离。时间在推移，我们也因为种种原因无法再在一起无忧无虑地玩耍，但是即使忘了童年的玩乐之事，我也忘不了你。

还记得你我第一次见面吗？上幼儿园的第一天，你被我神速爬上双杠并稳当地坐到双杠上面而征服，我们的友谊就从教你爬双杠开始。记得你当时瘦得不行，黝黑的皮肤跟下地干活的农民伯伯一样。我抓着你皮包骨的胳膊，使劲往上拽，本想着你一定很难教呢，瘦的人哪有什么力气呢？不曾想你三下五除二，借着我的力，一下就坐在了我身边，赠予我一个露出八颗大白牙的微笑。"你叫什么名字啊？""我……"就这样，我们在这居高临下的双杠上聊了许久，阳光照在你我无邪的笑容上，我们就像两个被幸福包围的小天使，好不快活。也许是这奇妙的相识之处，让我忘不了你。

你还记得那乒乓球般大小酸到掉牙的橘子吗？嘿嘿，不懂事的我俩"同流合污"，一起跑到别人的院前偷摘那盆里种的小橘子。"这是他们看不到的地方，站这儿！""那个！那个最黄最大！"你一马当先，我却在你身后当"指挥官"，随着树叶的疯狂摆动，橘子到手了！我们默契地一溜烟蹿进小巷子里，开始品尝"美食"。结果——我俩被酸得五官都挤在一起，狂把嘴里的东西吐出来，又看着对方狼狈的样子捧腹大笑。现在想想，当时可真是可爱得不行啊。也许是这特别的"偷橘"趣事，让我忘不了你。

不仅仅只有这些呢：你费尽心力教我学骑自行车，我俩晚上一起偷偷在小区里分享美食，还有一起爬上那高高的枇杷树摘枇杷……

我的童年在你的点缀下色彩斑斓，如同一幅幅绚丽多姿的画卷，你赠予我的每一笔都深深根植在我心中，给我以回忆的美好。

我忘不了你——一个我童年的画师！

素描和水墨

陈 艺

> 友谊是人生不可缺少的,如果没有友情,生活就不会有悦耳的和音。
>
> ——题记

真实立体的素描和浓淡相宜的水墨更偏爱哪个?这可真说不好。笔与纸摩擦着,思绪飘到记忆深处。明媚的阳光洒进房间,照亮了我的心房。我又想起了她——我的好友。

那是四年级的暑假,妈妈帮我报了一个素描班,第一节课,我拎着一盒子的碳素铅笔,兴奋地推开了画室的门,这混合着碳香和墨香的画室被一个长长的书架分成了两半,她就在另一边学水墨画。

学素描的羡慕学水墨的不用纠结明暗交接,学水墨的羡慕学素描的不用在意水分搭配。同为新生的我们互相艳羡着对方,只一个课间就成了好友。

第二节课老师便给了我一个任务——整理素材书，这个任务很简单，但是要等其他同学完工之后才能整理。那天我正百无聊赖地看着几个"前辈"还在涂涂抹抹，突然感觉有人戳了戳我的肩，我一回头，乐了——她也被留下了。水墨画除了要收书还要收砚台，我闲着没事就过去帮忙。教水墨的徐老师看到我，愣了一下，然后饶有趣味地调侃："吴老师教的？这才几天，关系不错嘛。"我和她都有点儿不好意思，以最快的速度收好两边的书，道了声："老师再见。"便挽着手跑开了。

后来我们开始约着逛街，偶尔也拿对方的画开开玩笑，再听到徐老师的调侃，也会大方地承认道："那当然！"暑假中的一个阳光明媚的下午是她的生日，她倾其所有请我看了场电影——毕竟那时我们都没有太多零花钱。我送了她一本书作为生日礼物，书里夹了一张我亲手做的贺卡。在明媚的阳光下，我挽着她的手说说笑笑，好不欢喜。阳光拉长了我们的影子，交织在一起，快乐的时光好似没有尽头。

直至如今，我一闭眼，脑海里还能清晰地浮现出她的模样：她有一个尖尖的、秀气的下巴，白净的脸上一双眸子温柔似水，笑起来有点儿羞怯，头发扎成一个低低的马尾，总是穿着浅色的裙子，乖巧得很。

我有尝试过水墨画，一笔接一笔，不能涂改。不知她有没有试试素描？总是会蹭得满手灰。有段时间没联系了，愿她无忧，愿友谊长久。

当我离开母校的时候

丁 成

时光荏苒,日月如梭,转眼间六年的小学生活即将结束,当我离开母校的时候,心里满满都是留恋。

就在那个宽阔的大操场上,我们曾经玩耍嬉戏,聊着女生的八卦,看着篮球场上兄弟们争球的身影。在那个自由的王国里,玩累的我们放松地坐在墙边,靠着书包,哼着半生不熟的流行音乐,看着天上飘过的朵朵白云。凉爽的风吹来,拂过我们的脸颊,送来舒适和惬意。这个大操场上留下我们的笑声,留下了我们的汗水,留下我们的点点滴滴,使得我和同学们在一起的时光永远是那么开心、快乐。可是,时间就如华丽沙漏中的沙,悄然流逝,我将要离开这个大操场,离开我亲爱的母校。

就在那间带有庄严气氛的办公室里,在那张棕黑色的办公桌上,老师为我们批改着一叠又一叠的作业。因为我们恰好是班主任带的最后一届毕业班了，他依然对我们严格。当我们正抱怨着作业之多的时候，老师还在加班加点地批改着作业；当我们对成绩不以为然的时候，老师为我们呕心沥血，操碎了心；当我们还在嬉戏打闹的时候，老师那原本白皙的双手变得粗糙，甚至长出了厚厚的老茧，却不以为意。老师一心想让我们提高成绩，仍旧写着、画着，愿意将青春投入到教师这个职业中去，愿意流下辛勤的汗水，愿意为祖国带出一批又一批优秀的人才。但是，时间就像细沙，慢慢流逝，我将要离开老师，离开我亲爱的母校。

就在那张陈旧的课桌上，大家写上了自己的座右铭，写上了自己的偶像，写上了考试的答案。在课桌里，时而是一包包零食，时而是玩游戏的手机，时而是一本翻开着的辅导书。课桌是小的，是木黄色的，是简陋的，却包含着学习生涯的点点滴滴。但是，时间就如那江河，渐渐流向远方，我将要离开那张珍藏着美好回忆的课桌，离开我亲爱的母校。

操场旁的天竺葵，是我们的见证者，看着我们一点一点地长高、长大，从一张白纸，变成七彩的画卷，从懵懂走向成熟。如今，看着那棵年迈的天竺葵时，都会想起以前的我们。但是，时光就如晚霞逐渐隐退，我将要离开那棵陪伴了我们六年的天竺葵，离开我亲爱的母校。

匆匆那年，我们是匆忙，撂下了难以承受的诺言，只有等别人实现。我爱那个操场,爱那些老师,爱那张课桌,爱那棵天竺葵,更爱那我亲爱的母校。

当我离开母校的时候,也许只会轻轻地说一句:"再见了,我亲爱的母校……"只留下那美好的遐想……

今年春天我很诗意

我的同学"猴子"

詹晓欢

说起我的同学，我最先想到的一定是他。他皮肤黝黑，有一双单眼皮的小眼睛，同学们戏称他为"非洲黑人"。最有特点的就是他的鼻梁上有一个小凸起，就像一座小山横在鼻梁上。

但是，令我印象深刻的并不是他的相貌，也不是因为他的名字和他的成绩。他要么一连好几天闷闷不乐，沉默不语，要么活跃多动。他不动则已，一动就如顽皮的猴子。他在课堂上的活跃常常让老师头疼不已，让小组同学提心吊胆。每每到了上课时间，教室就成了他的"舞台"。看，他一会儿坐一会儿站，一会儿左顾一会儿右盼，好像他的凳子上扎着钉子似得，坐不到三分钟，他就会突然像弹簧一样从座位上弹跳起来，抖抖手，蹦蹦脚，一会儿绕着位置转两圈，我们拉他不住，非到老师生气了他才安静下来。

　　自从他被前来查课的班主任在窗户外看到他在数学课上的"表演"后,他多了一个奇怪的习惯:时刻关注窗外的动向。每天,他到班上的第一件事,就是打开窗户,开到便于他可以看到窗外几米之外地方的动静的角度。毫不夸张地说,他每隔一分钟左右就要往窗外看一眼,还不时惊呼:"来了!来了!有人来了!""快看!有老师!"严重干扰了小组成员的学习。

　　一个星期之后,他的"病情"不仅没有好转,反而更加严重了,已经发展到了用保温杯的反光来观察窗外走廊上的动静的地步了。大家对他头疼不已,但又束手无策,只好一边看着他摇头叹气,一边祈祷他早日回归正常。

　　现在,"猴子"同学虽然已经收敛了些当"侦察员"的行动,但仍像一只猴子,手脚一刻也不停歇。

　　"猴子"同学,你何时才能安静呢?

我的同学"大黄"

黄乐欣

在六年级四班这个集体里,有一个人可谓是咱们班的"火星"人物——大黄。

"大黄"是语文老师给他起的昵称,时间久了,我们也跟着叫顺嘴了。但大黄一点儿也不生气,反而很享受这个昵称呢。

大黄有着一头乌黑发亮的头发,额前耸起的头发剪成一个独特的"M"的造型,像一顶贝雷戴在头上,使得大黄看上去有些神气非凡。一双清亮的大眼睛神采奕奕,透露出机智与果敢,一幅黑框眼镜架在又高又挺的鼻梁上,显得他博学多识。他一笑起来就拉宽了嘴,两排整齐的牙齿像珍珠般白皙闪亮。他那动感十足的笑容和一笑起来就上挑的月牙眉,让我们看着他就像看着向日葵那般心情愉悦。

大黄热情、奔放、阳光。班上有累活脏活的地方就有他的身影，也正因如此，老师同学都很信任他，他也成了老师坐的"第一把交椅"的搬椅人——专为老师搬椅子。只见他一手把着椅座一手扶着椅背，三步并做两步就把椅子放到老师指定位置。在全班大扫除的时候，他总是特别卖力，像上紧了发条的闹钟，一刻也不停歇。刷地板时，只见他俯下身子踮着脚，双手握着刷子，铆足了劲使劲地刷刷刷。不一会儿，他脚下那片原本黑灰的砖就变得一尘不染，还透着亮呢。老师说门顶上的那两扇玻璃窗又高又脏要擦洗，谁愿意做这苦差事？这时大黄露出他那招牌微笑，一脸阳光地拍着胸脯大声说道："让开，让开，我来！"说着就搬来一张桌子，往门边一放，脚一蹬就跳上了桌子。他拿起抹布和报纸，两者并用，挥手在窗玻璃上下左右擦个遍。汗珠滑落，他抬起手臂，扬袖往脸上一抹，继续擦窗，脸上依旧是那招牌微笑。

大黄就像是一颗"火星"，用热情感染着我们。他的朝气和活力带给我们欢笑与喜悦，更让我们刻骨铭心的是他那招牌微笑和一脸阳光。

这就是我的同学——大黄，好一个自信、阳光的大男孩！

我的同学小池

魏 嘉

她有一双黑乎乎的大眼睛,她若盯着你,你的第一反应一定是:呆呆的,好可爱!正因如此,许多人都非常喜欢她。她的鼻子总是一吸一吸的,还时不时地用手去摸摸它,不过,那可不是因为流鼻涕哦!她的头发扎得像一条小尾巴似的,走路和跑步时在脑后一摆一摆的。她还很爱笑,不管在什么时候,脸上都挂着笑容,特别是和我们几个好朋友在一起时,笑容就更加灿烂了。因为喜欢动物,她经常模仿动物,有时会情不自禁地做一些动物的动作,惹得我们捧腹大笑。当她说笑着朝着我们扑过来时,又像一只可爱的小狗,让我们忍俊不禁。

她不仅是我最好的朋友,还是我学习上的"老师"。在班上,她的学习成绩非常厉害,而我却恰恰相反,简直可以用悲惨来形容。于是下课的时候,便总能看见我们俩的身影，一个讲得不亦乐乎，一个听得不亦乐乎。她画动物画得非常好，她的画，还总是被老师夸赞呢！狼啊，狗啊，猫啊，鸟啊，一经她的手，画得栩栩如生，所以每天都有同学找她画画。她非常慷慨，有求必应，当然，偶尔也有小气的时候啦！

她非常喜欢小动物，而小动物们对她好像也非常友好。记得有一段时间班上盛行养仓鼠，我们几个人自然也都养了一两只仓鼠。而她是最先养的，自然比我们多一些经验，再加上她平时就对小动物很感兴趣，常常上网查找一些资料，我们当然不约而同地问她了。问了之后，我才发现她真的懂得好多，讲起动物的生活习性好像专家。所以当我知道她的理想是当一个动物学家时，也没太大惊讶了。

写到这儿，我不由得又想起了她亮丽的眼睛，能模仿各种各样动物叫声的嘴巴和她模仿动物时的样子……

我为呆瓜点赞

陈梓欣

我四年级同桌,一身古铜色的皮肤,一双呆滞的眼睛,戴着一副土里土气的眼镜。为此我为他起了一个"御名":呆瓜。

呆瓜是个"软妹子",不敢打架,不敢骂人,反正只要是男孩子喜欢玩的东西,呆瓜就拒之千里。整天泡在题海里,可成绩就是上不去,我这个组长对他真是无可奈何。可有一件事,让我对呆瓜刮目相看。

又是一个阳光明媚的星期五,下午有一节体育课,好不容易从闷热的教室里解放出来,大家都像小鸟一样自由自在地飞奔到操场上。我和呆瓜并肩下楼。突然,呆瓜一个趔趄,重重地从楼梯上摔了下来,腿都摔肿了。当呆瓜在大叫时,身后传来了一个幸灾乐祸的笑声,原来是我们班大名鼎鼎的小魔女:黑妹,她走到呆瓜身边,用嘲笑的口吻说:"啧啧,你也真够笨的,轻轻一推就摔了一跤,我看,你还是回婴儿床上睡觉吧!"说完,黑妹就大大咧咧地走了,而呆瓜却站起身,拍拍衣服,若无其事地走了,我诧异极了。

体育老师宣布解散后,像往常一样,男生们去草丛堆里捉虫子,而女生则一群围在呆瓜身边,对他又打又骂,连那些被男生气哭的柔弱女生,也跑来找呆瓜撒气。看着那些女生这样欺负他,我忍无可忍了,冲上前去,使出我的独门绝招——狮吼功,赶跑了一群女生。等那些女生都走光了之后,我一回头,瞅见一旁默默沉思的呆瓜,我上去就抓住他的衣领,气愤地说道:"你是真傻还是假傻啊,那么多人欺负你,你却无动于衷!"呆瓜没有说话,而是转身坐到台阶上,沉默着。过了一会儿,气消了,我追问他为什么不还手,他笑了笑,心平气和说:"如果别人来打我,我个个都去还手,那大家还怎么友好相处呢?不是我软弱,其实,那些一直打人的才不是真正的男子汉,我这才是真'man'!"看着呆瓜那淡然的神情,我惊愕了,不由得点了点头!

那件事后,我对呆瓜有了新的认识。呆瓜说得对,也许并不是打人才是真正的厉害,只有宽容,善于包容别人才是真男人。呆瓜就是这类人,用宽容去善待任何人。如果大家都能像呆瓜这样,我们的世界将多么美好!呆瓜,给你点个赞!

那段烦心的日子

郑天悦

> 当你们听见台上演奏家演奏出优美的旋律时,你们能感受到他付出的汗水吗?
> ——题记

现在我正在考场上,望着题目,心思早已神游在外,我回忆起了那段烦心的经历……

我凝望着窗外烈日正烘烤着大地,看着树叶都被晒得打起了卷,感受着一阵阵热浪铺天盖地地涌进屋里,而窗外正传来令人烦心的蝉鸣……

我呢?我现在却在屋里缓慢地抬起了沉重的手指,弹着几个音符。我看着正对着我狞笑的琴谱,看着这枯燥乏味的键盘,节拍器正发出"叮,叮……"的节奏声,心里一团乱麻。

我深吸了一口气，抬起手指，琴声响起。唉，又错了！我无奈地垂下头。一次又一次，慢慢地，额头上已满是汗珠，衣服也湿了一片。我的心里十分烦躁，攥着拳头，在琴键上敲下了几个重音。

"嘭，嘭，嘭！"

叹了一口气，正当我鼓起勇气再重复一遍时，却欣喜地听见小伙伴们呼唤我的声音。我想飞一般地冲出门外，刚抬起一条腿，一双寒冷的目光向我扫射过来。我刚抬头，就正对上了母亲严厉的目光。我打了个寒战，如同被定身定住了一样，一动也不敢动。

"差十几天就考级了，就几首曲子你还倒腾不清楚，还想出去玩？还不快来弹清楚！"

我吐了吐舌头，竟无言以对。无奈地与伙伴们告别，重新坐回钢琴前，又开始弹奏起那首乐曲。我甚至贪婪地地着窗外，看着伙伴们嬉戏打闹的样子。我多想像他们一样，但我始终面对的是冰冷的琴键和一次又一次失败的演奏……

时间如箭一般，转瞬即逝，半个月后，考级如期而至。我面对着考官，开始流畅地弹了起来……我终于要结束这段烦心的日子了！

当我回过神来，糟糕，再不动笔就来不及了！我提起笔来写下："当你们听见台上演奏家演奏出优美的旋律时，你们能感受到他付出的汗水吗……"

成长的烦恼

刘晨昀

话说每个人都有自己的烦恼,有大有小,别看我,虽然比较乖,但烦恼也不少,今天就来说说我最大的烦恼吧!

我最大的烦恼就是——个子矮小?其实,我的个子只是比你们矮那么一丢丢而已。为什么,你们说我矮?我这辈子都不会忘记的一句话。

有一次,在操场上,我们班一名比我还矮的小个子男生对我说:"切,你有什么了不起的!矮冬瓜!"我愣住了,"矮冬瓜!矮冬瓜!矮冬瓜……"这个词,在我眼里无限扩大,扩大,直到占满我的全身;这句话,仿佛一盆从天而降的冷水,从头到脚,把我给浇湿了;又仿佛一把锤子,只听"砰"的一声,把我的心砸碎了。我站在那里,心里空空的,目光呆滞,抬起的头慢慢垂下,仿佛做错了什么。而那位同学，早就哼着小曲回班了。

我慢慢地走着，心里难过极了，我真的这么矮吗？我问了一位女同学，她说："你不矮，我们俩的差距只是青藏高原和新疆吐鲁番盆地的差距而已！"说完，笑哈哈地走了。我的心仿佛又被人插了一把刀。"没，没事。我很坚强，我将来一定长得比他们还高大！"我心想。

还有一次，一位同学与我产生了矛盾，情急之下，他居然说："你这么矮，有什么权利和我说话？你真矮！"听到这句话时，我的心都凉透了，我心想：你有什么了不起，不就比我高一点吗？有什么本事说我矮！

"矮个子，矮个子……"这是每天晚上我必梦到的一句话。

从那一个月后的一个月内，我平均每天都会被一个人说我矮！"你们这些坏人，有什么了不起，我，我发育慢不行吗？凭什么都约好一天一个的嘲笑我？呜，呜，呜，呜……"

"尺有所短，寸有所长"，每个人都有优缺点，更何况身材矮小并不算缺点。虽然我矮，但我乖，我勤劳，爱劳动，我孝顺父母……我希望大家能相互尊重，共同营造一个和谐的班集体！

我的战"痘"史

陈 艺

谁说"少年不识愁滋味"？我们的烦恼可不比那些大人少！我的烦恼都可以写成一篇战"痘"史了。

是的，我的烦恼就是那些恼人的痘痘！

不知从什么时候起，我的额头一改往日的整洁光滑，不断出油，这就算了，还冒出了几颗青春痘。

刚开始只有两三颗，并不足以引起我的重视，直到某一天，我打着哈欠洗完脸，方才发现那拉帮结派、耀武扬威的"痘痘战队"，大惊失色，试探性地一挤——嗷！疼！冒血了！老妈闻声而至，一边擦血，一边再三叮嘱"不能用手摸……"逮着这么好的机会，她又把我从头到尾数落了一遍，诸如"不勤洗脸""不爱喝水""迟睡"……

我虽然肠子都悔青了，唯唯应诺，但还是忍不住加了一句:"妈,快迟到了。"

虽然知道是很正常的事,医生也说是青春期的正常现象,但还是很不爽啊!

我也曾试过洗面奶、除痘神器等各种各样的"武器"。企图让这些"恐怖分子"消停一些,可惜事与愿违,痘痘简直是"越战越勇""生机勃勃",好不容易灭掉两个,也会瞬间"春风吹又生"。最后,还是我先投降,提交了"停战申请"。现在只有偶尔"开火",双方基本保持"和平"。

有时我还是会哭丧脸,对着镜子细数哪个是顽固不化的"元老",哪个又是"后起之秀"。

医生不是说了吗,迟早会消掉的,至于是明天还是明年,只是时间问题,既然如此,我又何必"战火连天,劳民伤财"呢?

不过,目前,这该死的痘痘,仍然是我最大的烦恼!真希望这漫长的战"痘"史,早早结束啊!

少年不知愁滋味?只是未到苦愁时!

哎,可恨的痘痘,恼人的痘痘,你什么时候才能离开我,使我的这个烦恼烟消云散!

心　声

陈子颖

万物皆有心声，也许大树的心声是想让森林更加茂盛；也许鱼儿的心声是想生活在清澈的溪水里；而我的心声——希望家庭能够和睦。

在孩童时，我总觉得父母感情不错。可是，随着时间的推移，我感觉到我们家就像一架年久失修的机器一样，在吃力地转动着。有时家里的气氛紧张极了，像绷紧的弦，轻轻一碰，就会断裂。

还记得那个刻骨铭心的夜晚，浓墨似的夜空中只有几颗稀疏的星星闪着微弱的光，外边静悄悄的，只有树叶被凉风吹动发出的轻微的沙沙声。突然，母亲用尖锐的声音喊道："这个家没法过了！"我的心不由一紧，蹑手蹑脚地走出房间，躲在墙后。我看着母亲，她脸色苍白，气得哆嗦乱颤，肩膀微微颤抖着。父亲则怒目而视，紧紧地攥着拳头，胸口上下起伏着。他们俩互相怒视着，你一句，我一句，一声比一声高，一句比一句尖酸刻薄。父亲的脸涨得通红，好像快要着起火，双眼中涌着一股无法遏止的怒火："过不下去就别过了！明天就去离了！"躲在墙后我不禁吸了口凉气，心仿佛要跳出喉咙来，手心里全是汗。我咬着嘴唇，可泪水却不争气地从脸颊划过。"啪"的一声，母亲抬手打了父亲，她噙着泪，抽抽噎噎地说："明天我就带孩子回娘家！我一个人一样能养活她！"父亲将衣服一脱，用力地甩在沙发上，像狮子般怒吼道："简直不可理喻！"我心如刀绞，没有继续听这场战争的勇气，泪眼迷蒙中，我跌跌撞撞地走回了房间。

　　我静静地坐在地上，任由泪水在脸上流淌。渐渐地，屋外安静了，只剩下风吹过树叶沙沙的声响。我在心中默念着：爸妈不要再吵架了，爸妈不要再吵架了……

　　也不知这次是如何熬过去的，但似乎从此以后，父母再也没有发生过这样的"战争"。希望我的家庭能一直和睦，父母不再有"战争"了！

从未改变的梦想

郭晓薇

大姑姑他们一家,从厦门回来,在永安买了一套房,小区名好像叫:云顶美墅。

在爷爷搬家的那天晚上,吃完饭从餐馆出来,是我第一次去参观他们的新家。

小区似乎在一个偏远的地方,天黑乎乎的,我认不清路,只知道车子行驶了一段路程后,渐渐便人烟稀少,道路变得越来越宽阔,我断定离开了繁华的市中心。朝窗外望去,微弱的灯光闪着浅浅的光芒,车内忽明忽暗,街道两旁的大树静默在黑夜里。嘴里默默念着这个别致的小区名,心里充满了期待。

车子摇摇晃晃地开进了小区的大门,随即映入眼帘的是一栋栋昂首挺胸的别墅。它们孤僻地伫立在暮色笼罩的小区里,没有高楼大厦的霸气豪迈,没有农家小屋的淳朴自然，它们独有的那种难言的气派中，暗藏着冷艳、傲气，在月色衬托下的阴森，却难掩精致华丽。它们飘飘然地出现在我的视线里，使我不敢呼吸，不敢说话，只惊叹于它们的宏伟和端雅，还有高高在上的档次。

车子还在往小区深处开着，我目不转睛地瞅着那一栋栋别墅，就像警察侦查案发现场一样，生怕漏了什么蛛丝马迹。手里捏着湿润的汗，不禁将那尖尖的指甲扎进了手心的肉里。心跳平稳而从容，可每一起伏都装满了震撼。也不知时间的脚步是否放慢了，在这短短的几分钟里，我却像过了一个世纪般漫长。

可在这月夜里，没有人发现，我那双瞪得如铜铃大的眼睛，一点一点湿润了——

"妈，我偷偷告诉你一个秘密哦！我长大了，要买一栋大别墅！"六岁的我趴在妈妈耳边，轻轻地说。"妈，你知道今天我许了什么愿望吗？我说啊，我以后一定要有一栋大别墅！"七岁的我面对燃烧的烛光，大声地叫着。"妈，这画好看吗？像不像栋大气的大别墅？！"八岁的我举着一张奇形怪异的画，眨巴着眼睛问妈妈。"妈，我今天做了个梦，我梦见自己有栋大别墅啦！哈哈！"十岁的我站在床上，手舞足蹈地大笑着。"妈，我真的好想有栋大别墅。"十二岁的我躺在妈妈的身边，望着天花板，无神地说。

……

车子停在了一栋莫名冒出的高楼门前。等我缓过神来才发现，别墅群已经消失在了身后。下了车，我留恋地一次又一次回头张望，在这暗色的视线里，苦苦寻找着什么。我那渴望的目光与它们那富丽堂皇的脸庞隔空交会。

　　走进大姑姑的新房子，有些杂乱无章，因为还在装修中。可难掩的是那宽大，那敞亮，还有我的羡慕。我听见他们交谈的话语中，似乎在安排着等过年亲人们都回来时，该怎么住下。那一刻，我的心跳忽然漏了一拍。

　　回家的时候，我坐在车里，闭上了眼睛。我却仍然能感觉到一栋栋别墅在我的身旁闪过，我疲惫地将眼睛闭得更紧，我不愿再去凝视它们，因为它们早已活在了我的心里。它们如同翩翩起舞的蝴蝶，在扇动翅膀飞行了一段时间后，便永远停留在我生命的白纸上，从未离去，落下了斑斑倩影。

　　许久，泪水从眼角淌出。

　　"妈，我想买一栋大别墅，让所有爱我的人都住进来。"

　　十二岁的我载满温暖的泪，在心里浅浅地说。

今年春天我很诗意

王 辉

一席江山美如画,不禁让我为诗、为美停留。春的脚步带我来到如诗如画的江南水乡。

穿过薄雾,来到竹林边,隔篁竹,闻水声,如鸣珮环。青石砖铺成的石板路沿小溪延长着。迎面走来一位挑着水桶的老伯,他迈着轻快的步子,像一位仙人似的,踩着青石砖,踏着薄雾向我打了一声招呼,"喂"。恍恍惚惚中我好像望见隐居深山的五柳先生,摇着脑袋念道:"不戚戚于贫贱,不汲汲于富贵。"

雨无声无息地降了下来,正如韩愈说的一样"天街小雨润如酥,草色遥看近却无"。我毫不受小雨的影响,径直走到说书馆前,推开那扇黑油木门,杨老先生是那里独一无二的"名嘴",里面定是座无虚席。一坐下,我会与老先生的"粉丝"唠叨上回的内容,有一番猜测甚至争论也是常事。

帷幕拉开，台下顿时鸦雀无声。老先生探出头来环视全场，然后缓缓踱步到台前。只听惊堂木"啪"的一响，故事开讲了。正如林嗣环笔下写的"满坐宾客无不伸颈，侧目，微笑，默叹，以为妙绝"。只见老先生一转身，一挑眉，一挥袖，便将我们带进了如梦如幻的世界：与孔明笑分三国，看黛玉葬花，看苏轼兼怀子由。忽听得惊堂木又"啪"的一响，精彩纷呈的故事讲完了。如梦方醒的我们久久不愿回到现实，怔怔地看着老先生微笑着得意地踱回后台。

我依依不舍地离去，温婉的清风摇曳着多情的柳枝，和煦的朝阳挥洒着安暖的惬意，轻盈的白云婀娜着闲适的飘逸。任凭丝丝春雨拂面，躺在离说书馆不到百米远的草地上。看着天上的浮云，低声耳语，口中会不知不觉地吟唱。"卧看满天云不动，不知云与我俱东。"望着柳枝，感受着春风，似看见贺知章低声念道："不知细叶谁裁出，二月春风似剪刀。"

一丝丝细雨，一缕缕春风，一句句含有诗意的句子。今年的春天我很诗意，守住了那份诗情画意的过往。

分　享

陈俊宇

　　分享，给别人幸福，也给自己幸福。它带给我一份份珍贵的礼物，可我却始终无法理解其真义。直到如今，我才明白……

　　"来，把我的书拿去看看！"一句亲切的话语惊醒了昏昏欲睡的我，睁开蒙眬的睡眼向四周张望，他——我的同学站在面前。将一本厚厚的书塞进我的怀里，打开仔细一看，那是一本他极为珍爱的书。刹那间，我的心里有了一丝微妙的感动，明白了他的真正用意。从此我爱上了书，爱上了学习。尽管那时我还是一个一年级学生……

　　哦！我似乎有点儿感触了。分享，可能是一种别人给我们的帮助吧！它会给人学习上的启发。可我总是觉得还缺了些什么？

　　"能给我用一下吗？"一句诚恳的话使正在做题的我

猛地一惊，抬头看去，他正坐在我前面，微笑着。原来，他是想借我的尺子啊！我不免踌躇起来。给他呢？还是不给呢？我也要用啊！再三犹豫后，我还是强笑着将尺子递了过去。"谢谢！"他似乎很开心，脸上的笑容如花般绽放！一股暖流从我心里流过。那一刻，我有一种从来没有过的愉快，那愉快让我记住那次我给别人的帮助。那时，我才三年级。

呵！我对分享好像有了一种更深的感触：原来，人与人之间是可以相互给予的。可我仍然疑惑着，因为我觉得还不只这些。

"过来，跟我一起坐在树下看书吧！"我过去，和朋友一起坐下。天空遍布云彩，将书放在一旁，轻轻抚摸着脚下泥土，我似乎感到一种生机，一种在夏日的阳光下特有的生机。那生机让我陶醉，令我神往。看看自己、朋友以及身旁的泥土，在这一遍一遍的轮回中，我心里似乎有一种说不出的感动。在这夏日中，在这棵大树下，我们共同分享，分享手中的书，分享炎炎夏日，分享自然之爱。泪不禁如泉涌出。

分享，可以是书、尺子，甚至是自然之爱。我终于明白，分享是在他人、自己与世间万物之间产生的；分享，为世间抹上一缕亮色，为成长点上无限光彩！

让 座 吗？

张倩倩

帮助别人是一种快乐，可以使自己心情舒畅；帮助别人是一种温暖，可以感动身边的人；帮助别人是一种道德品质，可以使自己成为别人学习的好榜样，使整个社会充满爱心，充满温暖。

那是一年前的事情，一个阳光明媚的早晨，微风抚摸着行人的脸颊，使人神清气爽。我背着书包来到公交站台，不一会儿，车就来了，我不紧不慢地上了车，找到了一个位置，毫不犹豫地坐了下来。

公交车缓缓地行驶，并且在每一个站台都停留一会儿。突然，从前门上来一位白发苍苍的老奶奶，她微笑着，手拄一根拐杖，身着一件褪色上衣，一条黑色的裤子，一双破旧的鞋子。她的目光向车里投去，好像在寻找什么东西。这时，司机严肃地说："有老人上来谁给让个座?"车里顿时鸦雀无声,十分安静,座位上的人你望望我,我望望你,都在等着别人给老奶奶让座,谁都没有让座的意思,使站着的人感到无奈。

老奶奶在车里找到一个角落,一手拄着拐杖,另一只手抓着扶手,无奈地站在那儿,这时我忐忑不安的心里突然冒出个念头:还是给老奶奶让个座吧!但我又不想站着。给奶奶让座吧!算了,快下车了,还是不让了……

就在我纠结的同时,一个十七八岁的青年站起来,微笑地对奶奶说:"奶奶这个位置给您坐。"老奶奶和蔼地说:"不要不要,给你坐。"青年又推却地说道:"不用不用,给您坐,我站一会儿。"老奶奶感激地说道:"谢谢,谢谢,谢谢你给我让座!"说着流下感动的眼泪,青年微笑着说:"不用谢。"老奶奶笑了,笑得那么恬静,那么踏实,那么慈祥……我真愧疚,自己竟然做不到给老人让个座。

帮助别人,也许没什么,但却可以让别人记一辈子,对你感激不尽。让我们一起努力,共同打造一个处处充满爱心,充满温暖的社会吧!

失 败 以 后

詹 艺

小草只有努力生长,才有破土而出的喜悦;阳光只有射穿云层,才有万丈光芒的辉煌。古语云:不经一番寒彻骨,哪得梅花扑鼻香。经历了失败以后,我们才会明白,在"一览众山小"时,那一个个印在土里的脚印有多深……

我喜欢春天,也喜欢在春天里弹着我那心爱的钢琴。那些美妙的音符呵,仿佛是一支支花朵,开在春风里,也开在我的梦里。为了参加一次难得的钢琴演奏会,我几乎天天废寝忘食地练着,手上的汗水早已浸润了琴键,可我的心里却只有我的梦想。

很快,演奏会开始了。原本成竹在胸的我却突然紧张起来,心里像打了十五个吊桶——七上八下,那些可爱的音符一下子从我脑海里消失得一干二净,一首美妙动听的钢琴曲也变得杂乱无章。显然，那次，我失败了。

我哭了。我甚至不知道为什么，成功总离我那么遥远。那些梦想，仿佛在一瞬间破灭，在一点点割着我的心。"是否我本身就不适合弹钢琴呢？"我甚至产生了这样的念头。"哀莫大于心死"，从此，我远离钢琴，也淡忘了那些过去的梦想。

"不经历风雨，怎能见彩虹，没有人能随随便便成功……"当这样一首旋律响起，刹那，似乎有一束光冲进了我昏暗的大脑。"失败是成功之母"，又有谁能够一步登天？没有一路上的曲折、磨难，又怎么会有路尽头的成功呢？"宝剑锋从磨砺出，梅花香自苦寒来"，失败是为了最后的成功，又有谁没有失败的时候？为了发明，爱迪生进行了无数次实验，为了梦想，我就不能经历失败吗？

当我又开始拾起了心中的梦想，我才发现，原来，失败的泪水开出的花儿，那么美，也那么神秘。不要禁不起失败，因为它比成功为更有意义。

纪伯伦曾经说过："除了经过黑暗的路，人们无法到达黎明。"经历了失败以后，我明白了这个道理。彩虹的美丽来自于太阳光的折射，而人生的精彩来自于失败的经验，向着人生的朝阳，进军！

考 试 以 后

林 还

"铃、铃、铃!"随着清脆的铃声响起,一个多月的焦虑和烦闷散尽,犹如放下了心中的一块大石。我以百米冲刺之势跑出考场,急匆匆地带着满脑的疑问和同学们互相对答案,然而,随着一个个的错误在嘲笑讽刺中被揪出,失落混杂着疑惑的迷雾再次笼罩心头。缓慢地迈着沉重的脚步,我郁闷地回到家中。

游戏失去了吸引力,原本可口的饭菜也好像没有香味,鲜艳的花朵变得单调无趣。我无力地瘫倒在床上,眼睛无焦点地扫着天花板,心怦怦直跳,好像要从胸口蹦出。而脑中翻书似的回想这三天来的检测,好像错的地方越来越多,心里越来越没底。疯狂地给同学们打电话寻求心理慰藉,而更多的是抱怨,会将气撒在他们的身上,然后在莫名的愤怒中早早睡去。

在父母询问考试情况时是最煎熬的。他们的问似轻描淡写，而无意中就会激发我怒火中烧。一句句饱含关心的话在我看来似铁锥般直刺我心，没半句能听得进去。一股无名火就发在了他们的身上，转而头也不回地走进房间，故意用很大的力气把门甩上，留下的是父母疑惑和不解的眼神。

在同学询问试卷和分数时是最煎熬的，不经心的一句话都会使我内心波涛汹涌。解决一道题的过程，就有如过了一架独木桥似的，内心惊恐万分。如若发现自己错了一处，埋怨可就是必不可少的了，直到把失误都归咎到他人头上才肯罢休。谈到考试成绩就更是不得了了，我会把同学说的话权当恶意讽刺和挑衅，回话中也突显出自己的不满，继而极不礼貌地挂掉电话，留下那头同学的莫名其妙。

在等待成绩揭晓的过程是最煎熬的。对所有科目的成绩是估了一遍又一遍，以这种方式发泄心中的忧虑，而精神因较低的预估分，总提不起劲儿来，萎靡不振的。就这样痛苦无奈地度过了几天，可在揭晓成绩的那一天，我也总算是如释重负，取得了一个优异的成绩；悬在心头的大石也总算是落了下来，心潮由澎湃逐渐平息。云彩变得格外洁白，鸟鸣变得格外动听，一切都变得要比昨天更加美好，而这一切都是辛苦努力得到的成绩让我体会到的。

温　　暖

张佳慧

温暖是一束照射在冬日的阳光，使贫病交迫的人感到人间的快乐；温暖是一泓出现在沙漠里的泉水，使濒临绝境的人重新看到生活的希望；温暖是一首飘荡在夜空的歌谣，使孤苦无依的人获得心灵的慰藉。

那是个春夏交接的傍晚，我学完古筝，走在回家的路上。天上就是那么突然地砸下了豆大的雨点，雨滴像断了线的珠子"啪啪"打在我弱小的身躯上。我慌忙跑到街道边的屋檐下躲雨。时间慢慢流去，天渐渐变黑。风"呼呼"地吹来，冻得我直打哆嗦。

我蜷缩着身子蹲在地上，看着人来人往的路口，心里委屈到了极致。

不知道过了多久，一个陌生的男子站到我面前。他蹲下身子，看着我的眼睛，问我："小姑娘，你没带伞吧？

要不要我送你回家？"我打量着他，他的头发被风吹得有点儿凌乱，一脸的慈祥友好。但是现在的人贩子不都这样吗？长得一副好人的样子，先引你上钩，然后再想办法把你卖掉。想起电视上看到的被拐走的小孩子，我克制住想回家的冲动，冲他礼貌地笑一笑，说了声"谢谢，不用了"便埋下头，期盼着雨能早点停下。

又冷又饿又渴的我在心里把老天爷杀死了几百遍！怎么可以这时候下雨，害得我有家不能回。想着想着，泪水开始在眼眶里打转。

雨声渐渐小了，我站起身来，准备活动活动筋骨，冲回家。一眼就看见了躺在我身边的一把崭新的小花伞。红色的草莓点缀在白色的伞身上。我朝周围看了看，没有别人了。我在心里默默地嘀咕：谁那么不小心这么好看的伞都忘了拿。不过刚好借我用用，下次再带来还。

我抓起那把伞，发现上面还贴着张便利贴。上面用清秀的字体写着：

小姑娘，撑着伞早点回家吧，叔叔真的不是什么坏人。只是觉得你很像我的女儿，你们都喜欢穿帆布鞋，都扎着高高的马尾辫……回家的路上小心点。

看着看着，刚才好不容易强忍住的泪水夺眶而出，顺着冻得发红的脸颊滑落。泪珠有些如透明的水晶凝结在下巴处，随后落在地板上，破碎成许多颗晶莹的小水珠。有些滑落到嘴角，湿润了冰冷干燥的唇，舌尖能感受到苦涩的泪水。

我撑着这把伞走在回家的路上，雨水洗刷过的街道别有一番美好。路灯照亮的街道散发出生机。

陌生的叔叔就好比那灿烂的日光，在这样寒冷的春日，却能给我阳光般的温暖，我永远不会忘记那个大雨倾盆的春日。

雨中的温暖

薛雨晗

翻开记忆的相册，往事桩桩件件，历历在目，又如电影般播放在我的脑海。

翻过几页，页面已微微泛黄，但这件事却令我记忆犹新。记忆的翅膀将我带回了四年级的炎炎烈日的下午。那天，我刚上完培训班，正搭上回程的公交车。谁知，刚刚晴朗无云的天空突然乌云密布，天空灰蒙蒙的。一道闪电飞快闪过，洒下豆大的雨滴。眼看要下车了，可我却没带雨具，雨如浩浩荡荡的骏马，来势凶猛，车门没打开，都有点点雨水洒进来，我急得如热锅上的蚂蚁。车门一开，我迅速跑到屋檐下，衣服上多了斑斑雨迹。当我要绝望时，一缕春光照射在我身上。只见一位大姐姐穿着红色长裙，长发随风飘扬，向我走来，一手撑伞，一手揽着我过马路。

"小妹妹,你家在哪儿?我送你。"姐姐微笑着说。但是因为不认识,我有些害怕,吞吞吐吐说不出话。"别怕,只是看你没带伞,顺路送你。"姐姐似乎看出我的心思,我怯生生地把住址告诉她,她便毫不犹豫地带着我往家的方向走。路上,我被她保护得一点儿雨水都没淋到,可她呢,半边肩膀都湿透了,揽着我的手也渐渐冰凉,她却毫不在乎。这时,雨伞似乎如蓝天般大,似乎不再冰冷,留下爱的温暖;天空似乎不再灰蒙,洒下爱的阳光。到家楼下,她对我说了声"再见"便转身离去。我还来不及问她姓名,来不及和她说声"谢谢",来不及看清她的容貌,来不及……我站在原处,望着她逐渐变小直至消失的背影,那飘动的长裙,飘逸的长发,那一刻,我的心被爱触动。

国家、社会就需要这样乐于帮助他人的人,人与人之间就应该充满爱,爱将冰冷融化。谁说雷锋已离我们远去,这就是我们生活中的活雷锋,雷锋精神的圣火会永远传递。这件事之后,我也被她感染,常在生活中寻找需要帮助的人,给予帮助,将爱传递给他人,将雷锋精神传递给他人。

这件事让我心灵深深触动,教会我成长,教会我关心他人,教会我感恩。

幸福就在你身边

吴子敬

幸福其实很简单，只要你拥有一颗能感受幸福的心，哪怕是一些鸡毛蒜皮的小事，都能让人感到巨大的幸福。

我是个极贪吃的人，一些路边小贩卖的小零食，就能让我垂涎三尺，馋得我两眼发直。能吃上一些解馋的小玩意儿，对我来说就是最幸福的事了。

每次放学，饥肠辘辘又没有零花钱的我，经过学校附近各种卖零食的摊位前，简直像唐僧西天取经一般备受考验。美食的香气，蛮不讲理地直钻入鼻孔，叫我不得不屏住呼吸，快步走过这个充满诱惑的地方。

偶尔，我身上也会带点儿零花钱。那放学，就是我最幸福的时候了。最后一节课还没下课，我心里就惦记起校门外的美食了：鸡腿、香肠、麻辣烫、奶茶……想到这些，我总是忍不住偷偷咽了口口水，左手不由得摸了摸放有零钱的口袋，脸上漾起不易察觉的得意的微笑：幸福啊，放学就可以买东西吃了。

下课铃一响，我立刻挎起背包，几乎是小跑地走出教室。走出校门，路边的"美食一条街"映入眼帘，诱人的香气扑鼻而来。我迈着矫健有力的、坚定的步伐，从口袋中掏出还带有体温的六元钱，来到卖炸鸡腿的摊前，铿锵有力地对老板说："来一个鸡腿。"说完，又狠狠吸了一口炸鸡腿那诱人的香气——最幸福的事莫过于放学买东西吃了。经过十分漫长的等待，炸鸡腿终于出锅了。我迫不及待地接过还十分烫手的鸡腿，像捧珠宝似的将它捧在手中，又闻了闻它散发出的香气，便狼吞虎咽地吃了起来。这鸡腿外酥里嫩、肥而不腻叫人吃完了仍回味无穷，正是：此腿只应天上有，人间能得几回食？吃完鸡腿我心满意足地擦了擦嘴，心想：这世上还有什么比放学买东西吃更幸福的事呢？

世上从不缺少幸福，只是缺少感受幸福的心。只要你愿意去感受去发现幸福，你会发现其实幸福一直就在你身边。

这是一种美德

林 妍

现在,如果让年轻人在派对和年夜饭之间做选择,许多人可能会选择前者,并以此为荣地嘲笑那些坚守传统的人。但是,我不会因此而对我所做出的决定感到后悔。

难得的一次同学聚会,朋友打来电话邀我前去。可今天是重阳节,我理应去探望外婆。正当我想着如何拒绝时,朋友开口道:"别犹豫了,快点过来。"之后便是一阵忙音。我无奈,只好先到了再解释。进门后,看到的就是他们嬉戏打闹的身影。朋友走过来责怪我道:"你怎么这么慢,今天重阳节放假,这可是难得的休息时间,你不抓紧出来放松一会儿,难不成还待在家啊?"听了这话,我心里有些不舒服,原来中国的传统节日在他们眼中只是一个用来休闲玩乐的小假期啊!

我皱了下眉:"我来这儿是向你们道歉的,今天我要去看望我外婆，不能参加这聚会。"话音刚落，一个同学就喊道："上次清明的时候你借口有事不来，今天又不来，是故意不想跟我们玩？""清明本就是一个严肃庄重的日子，你们难道一点儿尊重逝者的心思都没有吗？"我有些不理解，也有些气愤。《春江花月夜》《二泉映月》，古曲声声，曾让西方震动；中秋赏月，七夕庙会，曾让世人感怀。可现在，年轻一代抛弃传统，流连在洋节的霓虹灯里，怎能让人不气愤？朋友见气氛有些紧张，忙打圆场："好了，这点小事有什么好吵的？既然有事我们也不勉强你。"她将我送到门口小声道："你这么死板干什么？闹得你自己心情也不好。"我盯着她，神情严肃地说："这是我的原则，至于那位同学，代我向她解释一下。"我的话被一些靠得近的同学听到，引起一阵哄堂大笑，朋友也是不解地摇摇头。

　　我并不认为自己的决定荒诞可笑，因为我不愿沉浸在西方情人节的玫瑰花香里而忘记中国的牛郎织女一路奔波而相会于鹊桥，不愿操着满口洋话庆祝洋节而忘了陪伴长辈倾听民族古乐，不愿在本应缅怀的清明节里开怀大笑……

　　其实，坚守心中的故里，不忘初心，这是一种美德。

成长的故事

成长中的一件事

管安琦

在成长的过程中，总会发生一些事。这些事给我启发，让我成熟。

那是一次钢琴课。我的钢琴老师是一个做事拖拖拉拉的人，上课时经常拖上很长时间。我上课的时间在中午11点，上课前吃午饭太早，还没下课肚子就饿得咕咕叫。我决定上课前吃午饭，时间非常仓促。我匆匆扒了几口，急忙赶到琴行去上课。谁知等我赶到琴行，老师还在给上一个学生上课，拖了近十分钟的课。我只好无聊地坐在一边等。好不容易等老师上完了课，我以为可以进琴房上课了。可是偏偏在这个时候来了一位客人，老师笑眯眯地招待客人，与客人在后厅聊天。我觉得很不耐烦，心里直骂这个讨厌的老师。我这么准时来干什么？早知老师这样我就在家好好品尝午餐了。

大约又等了五六分钟，老师终于从后厅走出来，对我说："安琦，来上课。"我满脑的愤怒，我想我当时是满脸气愤地走进琴房的。因为心情很糟，所以我故意乱弹一通，以发泄我等待的不满。弹了几遍，老师发现了我的异常，问："安琦，你今天好像不太高兴啊，为什么呢？"我哽了一会儿，有点说儿不出口。过了几秒钟，我还是说出来了："我来得太早了，等了很久，心情不好。"

老师诧异地望着我说："就因为这点儿事情，就把你弄成这样？如果你的心胸如此狭小，我就没必要每周给你上课了。你知道吗？人总是要相互理解的。你以前也有迟到了许久才来上课，我不是都包容你吗？今天我真的有点儿事情，迟了十几分钟你就如此表现。心胸要宽广一些啊！"回想这些话，我不禁想到了生活中的自己：我确实常为一些鸡毛蒜皮的小事而斤斤计较，想想真的很不应该啊！

成长中的这件事，对我起了很大作用。从那以后，我学会理解他人，以宽广的胸怀对待生活中的事情。我明白：只有这样，才能让自己活得更坦然、更快乐！

成长的故事

赖书骏

我的成长故事就像一个个贝壳,有辛酸,有欢乐,有苦闷,有激动。随手拾起一个,往事立即浮现在眼前……

天空慢慢变得灰暗,狂风卷起一片片枯叶。枯叶打着旋儿,做着最后的挣扎,却还是无法抵抗,被击倒在地。我的双腿好像灌满了铅,抬也抬不起来。书包中的那张试卷宛如一块千斤巨石,压得我喘不过气来。雷声轰鸣,巨大的雨点以倾盆之势泼洒下来,打在我身上。就让这雨点洗刷我心灵的污垢吧!我立在雨中,一双无助的眼望着远方……

转头,瞥见那张盘踞在桌角的试卷,一个个鲜红的错误标记密布其上,狰狞地笑着。我的脑子里仿佛有一台留声机正不停地叫嚣,重复着昨天收到的责罚。内心的声音不住地辩解,却被一声"不用再找借口了"的呐喊扼住了咽喉。我摇了摇头，努力将这些声音驱除，却听见一阵沙沙声。我抬起头，发现了门缝边的一张不起眼的小纸条。我信步走去，拾起，上面密密麻麻的字迹让我吃了一惊：儿子，昨天我们的言辞可能有些激动，对不起。但你要知道，我们也是为了你好……我的眼角抽动了一下，又一下，大颗不争气的泪珠从我脸颊上滑落。我定了定神，拉开窗帘，惊讶地发现雨已经停了，雨后清新的空气和泥土的芬芳扑面而来，阳光洒满了窗台。远山的上空，一道充满希望的彩虹从地平线升起，涤荡了我的心灵，一种蓬勃向上的感觉在四周氤氲开来。我明白了，痛着就是成长！

　　现在回想起来，泪水仍会模糊我的双眼。泪眼婆娑中，我仿佛看见了另一个自己，一个茁壮成长的自己……

这一天,我将铭记

游书韬

一曲弹毕,台下掌声雷鸣,我站起身,面对台下深深鞠了一躬,瞬间泪水夺眶而出……

那是个带丝凉意的夏天,忐忑的我随着琴友们一起来到了厦门宏泰音乐厅参加钢琴习奏会。一向羞涩我面对这偌大的音乐厅瞬间凝固了!就我这水准能在这么"高大上"的地方表演?我能顺利地完成这次的演奏吗?我不禁对自己的能力产生了怀疑,更对母亲生出些许怨恨——都是你,非叫我来!

要知道我这个"羞涩"的小男生从来没有勇气主动与别人交谈;遇到人多时总是不由自主地手心出汗,上课因为害怕回答错误一次次放弃了举手的机会。想起这些,我的手心顿时又冒出了许多的汗,腿也不自主地开始颤抖起来。到了晚上即将入场时,我的这种感觉却越发地强烈起来，我甚至都感觉自己不能呼吸了。这时母亲发现了我的异常：她紧紧地拽着我的手，轻轻地说："没事，这只不过是一场普通的演奏罢了，如果实在紧张，咱们就不弹了。"

正是母亲的这一句话激起了我的信心，我怎么能这么轻易就放弃了呢？要知道这演奏不仅花费了半年的工夫，更融入了妈妈多少的辛勤与汗水啊！妈妈每周风雨无阻地送我去老师家学习，每天不间断地陪我练习，无论如何，我也不能就这样放弃啊！我告诉自己：我必须勇敢地面对——不管有多么的紧张，我必须勇敢面对。此时，我的心绪渐渐平复，想想这么难得的机会我一定要好好发挥。

待我的意识完全恢复过来时，我已经坐在了琴凳上了，心中浮现出从前的情景。乐曲开始弹奏了，这时从前的一幕幕仿佛也成了浮云慢慢飘走了。是啊！音乐是多么美好，会让我们忘记许多不重要的事情。我渐渐融入到了琴声里，原本只会低头看着琴键弹奏，现在也很自然地抬起头放松地落键。我想之前的种种紧张或许是因为我太在意别人对我的看法，其实那是大可不必的，那样做只会让自己走入误区。如果做每件事情都可以像现在一样，全身心地投入去做好，那是根本不需去考虑他人的想法。我只要努力了，只要用心了，那就无愧于自己，也就对自己更有信心了。想着这些，我觉得这时我已全然忘了周围的一切，脑子瞬间从空白变得了充实，渐渐地陶醉在悠扬的旋律中,直到台下雷鸣般的掌声响起。

这一天,改写了我的人生,使我一改从前沉默内向的性格,可以更加从容地去面对明天;这一天,是我人生的转折点,它将使我受益终身。

这一天,我将永远铭记!

勇敢迈出那一步

黄雪颖

我的爸爸是一名厨师，多年的工作经验不仅让他的厨艺得到提升，也让他在永安这个小城市里，积累了不少人脉，于是，我的爸爸在去年冬天开起了这家饭店。

今天是星期六，妈妈加班，我便与爸爸来到了店铺，除了解决"温饱问题"也想向所有人证明我的"实力"，由此开始了我为期一天的工作：实习吧台。

几小时后，夜幕降临，客人们也从四面八方来到店铺，与各自的家人、朋友们共聚一堂，而我的工作也随即展开……

点完菜后，就是吧台服务员应该去问客人需要什么酒水的时候了，我心想：终于轮到我"大显身手"的时候了。虽然这场景在店铺已看过无数次，看着吧台的阿姨问的时候也觉得没什么大不了的，不过就是几句话而已，可是到了我自己"上场"时，却觉得比登天还要难。这时，我的心底传来了一种声音："喂，你这是怎么回事？为什么还不行动？你忘记了你来这里的目的吗？你是来这里证明你自己，而不是来这里让别人看不起的。快去，再不去你就错过了这个最佳的机会了。"渐渐地，我被那"心底的声音"说服，我下定决心要迈出"那一步"，可是我走的每一步都异常艰难，我的双脚像被灌满铅块般沉重，从吧台到客人所在包厢的路，并不长，如果按照我平时的速度，顶多半分钟即可到达，可是在今天，我觉得这是一条没有终点的路，且每走一步，路都会越变越长。

就在这时，我心底的那个声音再次响起："怎么了？你不是已经下定决心了吗？你不能做一个懦弱的人！"就这样，我再次下定决心，决不能做一个懦弱的人。于是我恢复了以往的速度，走进了包厢，认真地询问了客人需要什么酒水……这一次，我真的做到了！

其实，很多时候很多事情并不难，难就难在你能不能够说服你自己去做这件事情，能不能勇敢地迈出"那一步"，只要你能够迈出那一步，你会发现，很多在我们看来遥不可及的事情其实都是有可能完成的。

阳光下成长

王 妍

阳光轻轻淡淡把暖色光晕洒下，柳絮般地轻盈，火炉般地温暖，总是那么莫名其妙地令人欢喜。

现正值金钗之年，四年前接触书法，两年前唤他为师，学至今未断。刚见他时，便知他温柔如阳，散发着温暖。到他教我时，果不其然！他把手覆于我手上，轻轻捏着，起笔稍用力，却也轻柔，笔尖忽转，慢慢滑过，再即刻落笔，漂亮的回峰，"一"字跃然纸上，字真如人，不失大雅，不忽小节。不知怎的，一到他家，一到他的"范围"内，就像沐浴在暖阳下，感到心静人安。

时不时要写几幅作品，他笑着，从不嫌烦。先让我把内容熟读背诵，理解内容后写一遍在纸上，再字字教我，如何起笔，怎样流畅，再者布局妥当，待我练个数遍后，才会写下。一次，任务重又赶，我的心也渐渐烦躁起来，把毛笔弄得开叉,把宣纸揉得皱巴巴的,满桌都是墨迹,眼看快十一二点了,更是极度心烦,笔一摔,纸一丢,坐在凳子上发起愣来。他走过来,走过我身边,在桌前整理,整个房间安静如无人,我俩就这么背对背,谁也不想出声。忽然,他轻声说了一句:"写字在于心静,不是常对你说吗?"我抬起头,桌前橘色的灯散着暖光,朦朦胧胧地照在他身上,好像是他发出的阳光!那一瞬间,心不知怎的平静下来了,抬着头,站起身,重新开始,重新铺纸,重新执笔,重新蘸墨,按他的教法,心无杂念地端正而写;而他坐在一旁,静静地看着书,静静地散发着令人心安的温暖。就是在他"阳光般的教导"下,我才取得了很多很多荣誉。

我想,我可能永远忘不了他,因为他总如阳,做事是这般,教学是这般,做人更是这般。如三月媚阳,如六月艳阳,如八月骄阳,如十月暖阳,让我在他"倾下的阳光下"坚持、努力、成长!

茁 壮 成 长

雷洪馨

"时钟滴滴答答地响,我知道那是我的生命在流淌",时间一分一秒地流逝,那过去了的,就变成了历史,每个人都有自己的成长故事,成长中的故事犹如满天星,其中也有的像黄河水一样流向了远处。

打开记忆的大门,回想起小学六年级的那件事,那次是六年级最重要的一次考试,我走进考场,才发现,以前幼儿园的老同学坐在我后面,我正打算利用这几分钟再复习一下,正当我翻开书时,感觉后面有东西戳了我一下,我下意识地转过去看,看见她正笑笑地看着我,并跟我说等下考语文的时候,我俩来对下答案呗!"什么?"我心中一惊,我怎么能和作弊沾上关系呢?这可是"死罪"啊!可是,一边是老朋友深厚情谊,一边是严厉的校纪校规,一时间,我居然不知如何是好,想回绝却又碍于情面，想答应更怕遭受惩罚，随着考试铃声的响起，我含糊地说了几句，至于说了什么我自己也不清楚，考试的时候，一颗心一直拎着，她那句"你到时候把答案跟我对下"让我不知如何是好，生怕她突然扔个纸团过来，大概离考试结束还有二十几分钟的时候，整份考试卷已答的差不多，正一字一句检查时，她从后面不停地踢我的椅子，安静的教室里鞋子和椅脚的碰撞声显得格外刺耳。

我心一想，"算了，还是告诉她答案吧，省得老烦我。"我把答案抄在纸上，正准备扔过去，手却不听使唤，停止不动，老师一直念叨的一句话"诚信考试，自信做人"浮现在我脑海中，手慢慢缩回来搁在桌子上，那纸条也立刻塞进了文具盒里。

考试结束后，我塞了一张纸条给她，她说："现在还要这个干吗？"我说："你看看吧！"我在纸上写了一行字：我不想害你，只怕你会越陷越深。

我想，在那时，我就已经长大了吧！

挫折也美丽

谢灵慧

滴答滴答滴答，时针它不停在转动。成长的故事如天上的繁星一样多，随着时光流逝。有些记忆已经渐褪，拾起钥匙打开记忆的大门，有件事仍浮现在脑海。

小学时老师为了让我们对自己有信心，敢于大胆发言，举办了一个"三分钟演讲"。要求我们每天在上课前要站在讲台前演讲。对于平时从来不发言的我，这项任务还真是十分艰难。

过几天我就要演讲了，这毕竟是我第一次演讲，几天来，我认真地撰稿、背稿、加动作、练表情……慢慢地，我对自己越来越有信心。

那一天总会来临。早上，我信心满满地走上讲台，可是一抬头就看到那么多人，不禁紧张起来。同学和老师安静下来准备听我演讲，这时候，仿佛全世界都沉寂下来。

我深呼吸一口气，开始了平生第一次地演讲——同学们，今天我演讲的题目是"挫折也美丽"。我说出题目的时候，紧张再次来袭，几十双眼睛像探照灯一样齐刷刷地看着我。"嗡"，我的大脑一片空白，竟然完全想不起已经背得滚瓜烂熟的演讲稿了。我拼命回忆，张开嘴却一句话也说不出来，冷汗下来，恐惧占据了我的身体。我忘词了！我竟然忘词了！一直都想不起来。下面已经是嘘声四起了，同学会嘲笑我吗？我呆在那里，不知道如何是好，这样的寂静持续了十几秒，可我却好像站了几百年。不能这样下去，我要冷静，深呼吸一口气，头脑风暴一下。冷静冷静，跟着感觉走，演讲稿的内容一下子涌进我的脑海……

演讲顺利结束了，台下响起了暴风雨般的掌声，掌声告诉我，我这次演讲很成功！

我收获了成长中最重要的不可或缺的素质，那就是冷静，不要因为紧张乱了步伐，要冷静面对。

醒 悟

彭子睿

童年,赶潮。正是流行学钢琴的时候,大大小小的娃娃都成了琴童。随处看,随处瞧,琴童如野花般生得遍地都是。我又怎么会不好奇呢?起步的时候,随意地按按键盘,都能弹出熟悉的旋律。老师也说我是个有天赋的孩子。渐渐地,难度愈来愈大,所需的技巧性也愈来愈强,年幼时心浮气躁的我哪肯乖乖坐着练琴呢?被母亲一嚷,索性就不练了。哼,只到每次上课的前一天晚上,才"临时抱佛脚"。

直到那一个冬天,那一天很冷很冷,冷到我的心里去了,我至今都不能忘记。老师举行了一场盛大的习奏会,邀请学生及家长参加。我前一晚上加紧赶工,可算是把演奏的曲目给完整地弹奏下来。可第二天,我不敢相信,一个不大的厅子,竟然坐着近百人。我的心跳不禁咚咚加快，我后悔自己没有好好练习。我想：在那么多人面前出丑，大家都会怎么笑话我。

还好，我的出场次序不靠前。但时间像流水一般，转眼便没了踪影。在我紧张到心脚发抖的时候，主持人无情地叫到我的名字。那声音真刺耳，那是我听过最"难听"的声音，我拖着麻木的双脚上台。咚，双手一触碰琴键就发出噪音般的声响。我皱了皱眉头，无可奈何地弹了下去，然而对于技巧性不强又紧张的我而言，怎么可能弹得好呢？我的双手已经不知在做些什么，乱弹一通……停了，我头也不回地冲下台，只听嘈杂的议论声在我耳边响起，竟没有勇气看看有多少冷眼……

回家，我把自己关在琴房里哭泣，我开始反思自己，下定决心要练好它，我一定可以做好，我不要被人看低。

果然十年后的今天，我成功了，我有所成就，我顺利通过了十级的考试，夺取联赛的冠军。我真的感谢那一天，感谢那一次的醒悟，它让我明白——每一个成功的香甜果子，都在那不为人知的角落，洒落过无尽的泪水与汗水。

成长路上的必修课

沈芷若

"我没错!"我一把甩开爸爸抓住我的手,爸爸二话不说,抓着扇子又抽了过来。妈妈坐在一旁冷眼看着。

我默默地坐在房间里,静静地想着刚才发生的一切。无垠的夜空上点缀着星星点点,一眨一眨地嘲讽着我的行为,摇曳的小树你能不能听我诉说,我慢慢地发现我好像真的做错了。

那时的我,还在读三年级,在学校里,我就是个小霸王。玩游戏得听我说规则,哪点惹到我了,一句"下课等着瞧"让对方担心害怕;在家里,外公外婆宠得我更是无法无天,只要爸妈不在,家里就是我的"天下"。

渐渐地,我那"光荣"事迹传入了爸妈的耳中,管得我越来越严。有一次,我终于忍不住对妈妈红了一句吼:"要你管啊!"那一刻,时间仿佛都暂停了,妈妈沉下的脸让我意识到"大事不好",爸爸从房间里传来的脚步声让我心虚害怕,但我却又昂首挺胸,不想认输。

爸爸走了过来,他迈的脚步那么慢,那么轻,每一步仿佛都踏在了我的心上,又是那么沉重,那么令人害怕,一滴冷汗从额头上慢慢地滑落下来,我却不敢用手去擦。爸爸妈妈站在了我的面前,我仰视着他们,我知道这是暴风雨前的宁静,果不其然,在爸爸一句:"错了没有"的问句后,"战争爆发"了。"我没错!你凭什么打我!""真是没怎么管你,现在怎么变成这样一副样子。"疼痛在全身蔓延着,前面,后面,左边,右边……一下一下打在我的心坎上,一次又一次碾碎了我的自尊……"你还是不是我的孩子!"在一句重得令人发指的话后,爸爸喘着粗气停手了。我抬起头,看到爸妈懊悔、责备的神情。回忆往事,我看到了同学不悦、厌恶的表情,看到了老师责怪的目光,看到了外公外婆无奈的神情……我难道真的错了吗?我错了,真的错了。

从那时起,我懂得收敛自己的脾气、怒火,懂得了谦让,关心他人,那顿皮肉之苦,让我明白了怎样做人。

错,不可怕,"人非圣贤,孰能无过",只要知错能改,那么错就能在成长的道理路上送你一程。

迟到的美丽

肖以旋

"你自己待在家里,不要乱跑,我过一会儿回来拿桌上的文件,注意点,看好了。"妈妈说完,扣上门出去了。

我静静地写着作业,一旁的文件安然地放着,那时的我虽不知道"文件"是什么,但心里却明白,这是母亲忙碌几天的成果。

窗外一处工地正在施工,扬起了一阵灰尘,似想往我屋里钻。我连忙起身想关上窗户,只觉胳膊肘触着了什么硬物,"啪"一声轻响,回过神来时,摆眼前的已是一份沾染了墨迹的文件,"为什么刚没把墨水瓶盖好,为什么要把文件放在这里呀,真是的!"我不禁连声抱怨,脑子里已浮现出挨骂的场景。收拾好残局,可望着那份文件,我也是无能为力。纸上开出了一朵硕大的墨花,而此刻,我只觉得它丑陋到不堪入目。

门锁在我近乎绝望的时候响起,我顿时手足无措。

当母亲看到那份惨不忍睹的文件时,紧锁的眉头和锋利的目光,霎时间让我噤若寒蝉。"怎么回事?"母亲的声音冷不防地响起,我感到有些毛骨悚然。"是……是风吹着窗帘,然……然后弄的。"我不敢抬头去看母亲,手心里渗出了不少汗,攥着衣角,害怕的我终没有说出实话。"真的吗?"望着一反常态的我,母亲似乎看出了一些端倪。"真的!"我"坚定"的话语还是让母亲决定不再追究。

母亲为了那份文件又操劳了很久,连夜地赶制让母亲看起来十分憔悴。我很内疚,母亲为了我的过错而劳累了这么久,而我,还说了谎。

事情过去不多久,母亲也许淡忘了此事。可是我的内心终究有一个过不去的坎,每当看到母亲,总有种说不出的难过,令我欲罢不能。

一天清晨,我终于鼓起了勇气:"妈,对不起,我错了。那天的文件是我……"我没有继续说下去。只听得母亲轻叹了一口气,缓缓地说:"错了就错了,不要撒谎逃避,知错就改就好了。"

倏然,正是母亲的宽容,母亲的一席话,使我至今记忆犹新:那天清晨的太阳是怎样缓缓地轻轻地温暖我的心头。

战 胜 错 误

胡匡迪

都说"人无完人,金无足赤""人非圣贤,孰能无过"。在人生的漫漫长路中,我们都会走弯路,都会犯错误。但是,错误并不可怕,只要你会总结其中的经验教训,错误也是一笔宝贵的财富。

"滚开,你这不要脸的东西!"爸爸冲我怒吼道。这次,我又偷了家里的钱,逃学去网吧玩了。看着他那怒不可遏的表情,我也火冒三丈了:"哼!走就走,你等着!"爸爸更气了,因为我这句话就是在火上浇油。"好啊!你小子反了你了!"他骂道,顺手抄起了旁边的一个大拖把,似乎用尽了他平生的力气,向我打过来。"啊!"我大叫着,被这股力量压倒在地板上,呻吟着。爸爸也怔住了,此时的他仿佛是一个无助的孩子,眼神中充满了迷茫。我立刻反应过来了,捂着发烫的身体,对着他吼叫道:"你不可理喻!"摔门,冲出了家。

　　冲出家后,身上越来越痛,心里感到了莫名的空虚。这种滋味,如同万箭穿心一般。我想:如果爸爸在就好了,他一定会帮我疗伤的。但这又如何呢?我像个孤魂似的游荡着。不知不觉地走到了一处茂密的小树林。筋疲力尽的我停了下来,找到了棵高大的树木,靠着它,坐了下来。我觉得它像父亲坚实的臂膀。我的心里充满了无限的哀伤,天好像理解我的心情一样,原本晴空万里,现在却下起了淅淅沥沥的小雨。雨打在我的头发上、鼻尖上,感觉湿湿的,涩涩的。心中的一团烈火也被这雨一丝一丝地浇灭了。我看到了发黄的树叶正在一片一片地凋零。我不禁想到了龚自珍的一句诗:"落红不是无情物,化作春泥更护花。"我喃喃着,心中突然有一种感觉:那不就是父亲吗?

　　我想到了自己,开学了,要交学费,我把爸爸含辛茹苦挣的血汗钱拿到小卖部换成了一毛一毛的钢镚,来戏弄老师。为了让我更好地学习,爸爸在家庭经济紧张的时候向银行贷款,给我买来了电脑。而我却沉迷于电脑游戏之中,每天玩到十一二点,还谎骗爸爸自己在认真学习。上课时,不认真听讲,考试才考三十几分,我把考卷上的三改成了八。我还不时骗取父亲的信任,说学校让我们买教辅书,我却把钱拿到网吧里去玩魔兽⋯⋯我竟然如此残忍地伤害着父亲!我真是不可饶恕。雨水和泪水交织着,淌在我的脸上。我已经分不清哪些是雨水，哪些是泪水了。远远的，我看见，爸爸正在找我，脸上的表情满是焦急。我跑向前去，奔入他的怀中。"啊！爸爸，我错了。"我自责地说着，声音低得像一根针落在地上。爸爸轻轻地拍着我的肩，我看着他的脸，感觉不到一丝怒气，却看到了那春风般暖暖的笑意。从此，我改变了，不再沉迷于网络了，学习上也变得勤奋刻苦，学习成绩也名列前茅……

每个人都会做错事情，但要懂得改正，就像周恩来总理说的一样，"错误是不可避免的，但是不要重复错误。改正了，你就是英雄。"每一次的错误，其实就是人生中的一次洗礼。战胜它，你就能登上人生之巅！

摔倒的老爷爷

唐佳嘉

人生中,谁都会犯错误。而将这一个个错误串成一串珍珠项链,那就是你成长的过程。然而,与错误抗争的经验,也会成为你人生中最宝贵的经历。

时光机又把我带回到那一天。

风呼呼地咆哮着,大树被吹弯了腰。作业纸随风一张又一张地翻过。我穿着厚厚的大棉袄,抱着热水袋,笨重地爬上了冰冷的阳台,盼望着妈妈的归来。

"啪——"的一声,打断了我的思绪。我扭头一看,原来是一位老爷爷摔倒了。我见路上的行人越来越多,便也不给予理会,继续张望着妈妈的身影。"哎哟——哎哟——"过了老半天,老人的呻吟声还萦绕在我耳畔。"咦?没人帮忙扶起他吗?"我的心中充满了疑问。看着匆匆而过的行人,有的昂首挺胸目光直视前方,装作什么也没看见；有的则对这位老人指指点点，与同伴窃窃私语，却不曾听闻他们在说什么；有的则用同情的眼光看着这位老人，眼神中略略带着点歉意。这让我感到更加吃惊了，一个大问号猛然出现在我的心头。突然，春节晚会上的一幕跳了出来，为我解开了心中的疑惑。哦！原来如此！我恍然大悟，原来大家都是怕这位老爷爷赖到自己的头上。想到这儿，我不禁也害怕起来，我可担不起这个责任，还是继续做自己的事情吧！虽然是如此想，但心中还是有一丝内疚在我心中徘徊。"哎！"我不禁叹了一口气，为这位老人如此"悲惨"的命运感到惋惜。

"啦啦啦……"如此悦耳的声音在我耳边荡漾，在这寒风刺骨的冬季，似乎很少听到有这么活泼的歌声了。我正享受着这美好的一刻，可声音却不如我所愿，戛然而止。我不禁好奇地睁开了眼睛，只见这位唱歌的小姑娘正朝着摔倒的老爷爷跑去，吃力地扶起了他，嘘寒问暖。看到这儿，我的脸不禁红了。为我先前的举止感到一阵懊恼，我从来都没觉得自己的脸发烫过，而这一次，我的脸很烫很烫，直烧心头。

也许每个人都会受到惩罚，而我这一次受到惩罚，不容小觑，令我终身受益匪浅。

我做了一回主

杨 佳

踏出商店，一缕金色的夕阳立刻照在我的身上，射出一道长长的影子。迎着夕阳，我欣喜地向家走去，今天，我做了一个最重要而又最正确的决定。我无数次抚摸着怀里的那个盒子，盒子里装着的是妈妈盼望已久的鞋子。这时，我的脑海里又浮现出了那往日的一幕幕。

那是几个月前的事，妈妈带着我去商场买鞋，很快，我选中了一双我最心仪的鞋子，妈妈毫不犹豫地买了下来。回家路上路过一家鞋店时，妈妈无意间瞥见橱窗里一双褐色的休闲皮鞋。妈妈一定很喜欢它，我看见她的眼神一直在那双鞋上逗留。"妈妈，我们去那家店看看吧！"我故意拉着妈妈走进那家店，让妈妈试穿那双鞋。"真是太漂亮了！"从妈妈的神情中流露出了喜悦，"这双鞋冬天穿着可真暖和，鞋跟也不高，一定很好走路！"欣喜之中,妈妈瞅见了刚刚给我买的那双鞋,已经花费了好几百元。她话锋一转:"还是算了吧,我还有好几双鞋呢。"然后依依不舍地把那双鞋放回架上,拉着我走出商店。走的时候,我偷偷看了一眼标签:300元。

想到那天的情景,我不禁鼻尖一酸,心里很不是滋味。我的脚长得快,鞋子总是未见破损就不能穿了,妈妈经常自作主张给我买很多鞋子,我有时觉得挺浪费的,可她总说:"鞋子太紧了,脚趾被顶住多疼啊!会得甲沟炎的。"这一次,我用积攒了好几个月的零花钱,为妈妈买下了这双鞋。虽然我在取出零花钱时,犹豫了许久,但是在用它们买来这双鞋时,我觉得,这是我做的最正确的决定。

我不觉加快了脚步,悄悄打开了家门,妈妈还没有回来。我迅速来到书桌前,用彩色卡纸做了一张贺卡,写上:祝妈妈生日快乐!然后小心地塞进鞋盒里,最后用彩纸把鞋盒包装起来。看,这就成了一个精美的礼物。

妈妈回来了,一进门我就把礼物塞进妈妈怀里,催着妈妈打开。当褐色的皮鞋映入妈妈的眼帘时,她的眼睛湿润了,什么也没说,一把将我搂在怀里。

哦,这真是一个正确的决定!

钓　鱼

姜　悦

今天阳光明媚，全家人一起去户外钓鱼。我们先去商店里买鱼竿、鱼钩以及黄粉虫，再坐着车子去葛州钓鱼。

来到钓鱼区，爸爸选了个较为阴凉的地方准备钓鱼，一切都准备好了，将鱼钩甩出去，静静地等待着鱼上钩。爸爸纹丝不动地站在那儿，全神贯注地凝视在鱼标上，果然，不一会儿，爸爸钓上了一条身子小小的鱼儿。我看着鱼儿上钩，心想：真有趣，我也好想钓鱼。爸爸似乎看出我的心思，便说："来试试！"我满心欢喜地走过去，接过爸爸的鱼竿，蹲在那儿。

时间一分一秒地过去了，鱼标浮在水上，随着风轻轻地飘动着，我的耐心也随着风吹过水面的波动开始不稳定起来，太阳直射在我的脸上，脸上火辣辣地疼，嘴里开始嘀咕：鱼怎么还不上钩？鱼标动了一下，我迅速提起一看，鱼饵早就被吃完了！心里不禁失落，姐姐已经钓了一条又一条，好胜心强的我不甘比别人落后，下定决心要钓上一条，不管太阳放射出的光有多强烈，不管蹲着的腿有多酸，不管身旁有多少干扰，只看着鱼标是否下垂。苍天不负有心人，鱼标上下地动着，我渐渐地将鱼往里拖，我发现这条鱼的体重比别的鱼要重得多，欣喜地大声喊着："钓上大鱼了！钓上大鱼了！"爸爸放下鱼标跑过来帮我，鱼竿有些承受不起这条"庞然大物"，只听"咔嚓"一声，鱼竿断了，可大鱼还在鱼钩上挣扎，爸爸以迅雷不及掩耳之势把鱼捞起。哇！好大的鲤鱼，水在鱼鳞上流动，阳光照在上面，闪闪发亮的鱼鳞在阳光的照射下显得更加美丽。看看自己的努力成果，嘴角不禁上扬，我钓的鱼是所有鱼中最大的一条，自豪感也不断上升。

我重新拿起新的鱼竿，静等鱼儿上钩。当我想去休息一会儿时，将鱼竿收起，发现一只鱼儿正巧上钩了。妈妈开心地说："傻人有傻福，鱼上钩了都不知道。"后来，轮到爸爸钓鱼时，一条又一条的鱼儿迫不及待地上钩，果然姜还是老的辣！印象最深的是爸爸一次性钓上两条鱼，可谓是一钩双鱼啊！

晚上，家里准备了全鱼宴。一家人其乐融融地坐下谈着一天的经历，品着自己的战果，心里乐开了花。在这次的钓鱼经历中，我不仅学到了钓鱼的本领，更学到的是钓鱼的精神——做任何事情，只要你静下心来，并且努力去完成就一定会成功！

英子的试卷

王 辉

随着一声"丁零零"的上课铃声响起,全班同学的心,顿时提到了嗓子眼。原来,上午的试卷就要发下来了。

随"咚咚"的脚步声,英子的心跳得厉害了,以至于自己都听到心的跳动的声音了。充满信心的英子接过试卷的那一刻,她就像掉到冰窟窿里去了一样,一下子来了个透心凉。英子只考了一个75分。英子再也忍不住了,低声细气地哭了起来。

放学后,好朋友小兰来找英子一起结伴回家。没想到一向性格开朗的英子,这次竟嘟着嘴巴,一拉书包,头也不回,就往外跑。

太阳火辣辣地照在英子的脸上,像是在批评英子。快到家了,还不知道怎么跟爸爸解释的英子停住了脚步。她的心很乱，像旋在风里的树叶，一会儿被抛到这儿，一会儿又被抛到那儿。突然英子像中了头等奖，兴奋地自言自语："嘿！我可以学老师的字迹，把分数改成95分！"想到好主意的英子，哼着歌走进了家门。

一进门，英子假装兴奋地说："爸，我今天考了95分，你高不高兴？""高兴！"爸爸点点头，"你把试卷给我看看！"英子忐忑不安地拿出试卷，交给爸爸。爸爸的眼睛就像凸起的金鱼眼，瞪得十分的大，严厉的目光在英子的试卷上扫来扫去，又在英子的身上斜了几眼。

终某，爸爸生气地放下考卷，猛得一拍桌子问："小英，你竟敢改分数，你试卷上的叉叉都成堆了，是95？""我……"英子面红耳赤，她低头思索。这时，爸爸的语气变得温和了许多，他语重心长地说："英子，考不好没关系，但你不能骗人，做人要实诚。你知道你今后该怎么做了吗？"英子点点头，走进了书房……

这个故事告诉我们，做人要诚实，不要骗人。

峰谷线中如花绽放

罗秋莲

有的人成长如歌,从单音到曲调;有的人成长如画,由单色到五彩;我的成长却是在折纸的峰谷线中如花绽放。

还记得那个百无聊赖的午后,我漫无目的地穿梭在微博帖海中,无意间点开了一个动态展示图——那样一张普通无奇的白纸,如同被施了魔法,在一阵上下翻飞间,收缩内敛成了一朵绽放的玫瑰。整个过程不过一两分钟,轻盈而神奇。顷刻间,"玫瑰"浓烈的芳香波浪般地向我袭来,把我淹没。

对此惊艳不已的我迫不及待地点开了链接。那朵令我"邂逅相逢意已倾"的川崎玫瑰是折纸中入门级的作品。图纸中两种略有差异的虚线,代表的分别是"向上折"和"向下折",也就是所谓的"峰折"和"谷折"。一张方纸在经历了数十次的峰折、谷折后在手中露出了灿烂的花靥。折纸这门艺术的神奇魅力将我彻底征服了。

从一笔一画地临摹出峰谷线到胸有成竹地对照图纸直接折制,从川崎玫瑰到酒杯玫瑰,从玫瑰到戒指、小提琴……我沉浸在我的折纸世界中。在所有作品中,我丝毫不掩饰对玫瑰类作品的喜爱,甚至溺爱。从简单到复杂,折叠到旋转,甚至过程中一处小小的改变带来全新作品,各式各样的折纸玫瑰,无论是在行进过程中还是成品,都能给我带来愉悦和欣喜。明知峰谷坎坷,仍一意孤行,静候花开的惊喜。

更多时候,折纸是枯燥的,数以千计的峰谷线远没有想象中那么好操纵。第一次成功折出酒杯玫瑰花了我4小时,更难忘的是历时一天折小提琴的经历:细密的峰谷线交错纵横,有如精密的仪器设计图,全凭脑海中的构想将图纸中的步骤由2D转换成3D的立体布局。双手不停地交错折叠,循线而进。布局出错,铺平重来!折痕乱了,换纸再来!好几次,手臂酸麻,连眼睛也是酸痛的,心神沮丧地想要放弃时,对向往已久的折纸提琴的渴望又战胜了自己,"是啊,都折到这一步了,还有什么理由不坚持下去?"我静下心,心中默念着折制过程的最后几个步骤"翻折,压平,卷曲……"手中的动作似乎也加快了几分。渐渐地,眼前的景象仿佛是长夜之后的破晓,心中仿佛新年倒计时般充满欣喜和激动,最后一个翻折——完工了！潮涌般的喜悦抚慰着我疲惫的身体——累，并快乐着！

喜欢雪小禅那句"行书是暗藏惊艳的素衣女孩"，她认为在人心日益浮躁潦草的世界中，行书是小桥流水、绿雪诗意的生活。在我看来，折纸又何尝不是呢？表面看来，一张张素白的纸，亦无风雨亦无晴，但峰谷孤行之余，飘逸着自己的风华绝代，演绎着生活的橙黄绿，不动声色地将暗底的惊艳绽放成你心中的惊喜。

或许，在我的成长过程中，没有响遏行云的歌声相伴，没有鲜艳斑斓的色彩相衬，我只愿用我的双手，在峰谷线构成的折纸世界中静候这暗藏惊艳的玫瑰盛开。

村　光

黄　颖

　　对于村庄，总有黄昏的印象。因为老家就在乡下，小时候每每回去，都是在傍晚时分。

　　爸爸妈妈把车子停在乡间小路旁，我欢呼着跑下去，抬头瞧瞧，就看见了那粉红色的晚霞，像淡粉的棉花糖，被轻轻地撕下来，一片一片地落在那全是温暖淡黄色的天空上……正在拔高的翠绿的禾苗在黄昏中立着，被风吹得沙沙响，戴着草帽的农民赤着脚在田间来来往往。我鼓着嘴一蹦一跳地走着，妈妈在身后嚷嚷着路陡小心，我笑着回头看看，夕阳将我的身影拉得好长好长……走到一片树荫下，夕照从树叶间的缝隙中挤过，挤成一颗颗圆滚滚的金色小珠珠落在地上，风一吹，哪些小珠就在地上、我的身上滚动着，摇摇晃晃……

　　看着晚霞渐渐消失，山上的金色光辉慢慢退去，我茫然地盯着那远山的轮廓，胡乱地想着今天的日落，便期待起明天的日出来。日出，多么神圣又让人向往啊……那黑暗中的第一束光亮，一定很美很美吧！

吃过晚饭，我便拉着姐姐去散步，乡下的晚上没有灯，一出门便一片漆黑，我小心翼翼地在黑暗中迈步，借着那漫天星光，真的是漫天，密密麻麻，仿佛真的走进了古人诗中那般意境：月宫嫦娥，九天仙女……我牵着姐姐的手，走在梦幻般的蓝色的缀满星辰的天宇下，说着悄悄话，蛐蛐在我们脚边的草丛里喧闹着，我们沿着小道走着，不知道哪里是尽头。这种感觉真好，像是可以一直一直走下去似的……我和姐姐讲着乡村的故事，讲四舅舅家门口的石榴树；讲田野里的银杏树和青提子；讲小河边的沙滩，还有我们最喜欢的那个立在河上的大石头，我们要一起盖城堡，要一起穿水蓝色裙子……我们把这些事说给月亮听，说给满天繁星听，说给蛐蛐听……他们都是很好的听众，不吵也不闹。淡淡的而又愉悦的语调在夜里悄悄响起，故事是那么动听又美好……

可是，如今的老家沙丘脏了，石榴树没了，夜里路上也有了清冷的路灯，虽亮，却没有那漫天繁星来的温暖，再没有那般照亮了我的心……

深吸一口冷冷的秋风，小河旁的竹林在我身后被风吹得飒飒响，还好，风景虽不一样了，可梦依旧在，对啊，我还没有看到村庄的日出呢……

我家乡的美食

崔艺婷

每每回到泉州,每每经过家乡小桥河畔下那一家石花糕店,我都禁不住它的诱惑,非要停下脚步尝一尝以饱口福。它就是泉州的传统美食——四果汤。

四果汤并不是汤,也不是水果饮料。它只是一碗用白开水制成的夏日消暑甜品。"四果"是指任选三种甜品料,如:椰果、甜豆、木耳、绿豆……再加上一种泉州海岸特产——海石花均匀搅拌后,冲上一碗冰凉白开水,便制成了一碗正宗的泉州小吃——四果汤。

记得小时候,在河畔边玩耍。太阳火辣辣地照射着我,身旁像是有一团大火球,热得喘不过气来。偶然间,我走进了石花糕店,用口袋中剩余的零钱,随意地点了一碗四果汤。看着摆在面前各种各样的"四果料"我点了白木耳、红豆和绿豆石花糕。服务员利索地用汤勺均匀搅拌，再加上一碗白开水。我小心翼翼地端到桌前，四果汤的冰凉从我的手心慢慢渗入，渗到了心里。我仔细地观察着，它无色，水面上漂浮着一条条透明的胶状物质。在好奇心地驱使下，我张开嘴，喝了一口，顿时，我惊呆了。嘴中，红豆的甜汁，石花糕的蜜味，以及白水的冰凉，瞬间，已渗入我舌尖上的每一个味蕾，似乎随着血液的循环，一股透心凉涌遍全身，驱走了每个毛孔的热气，顿时畅爽无比。我继续品尝碗中的美食，白木耳的脆嫩，红豆的甜软，以及绿豆的清香，都荡漾在我的口中。石花软软的，嫩嫩的，像一条条晶莹剔透的玉带，真是天然美味。慢慢地咀嚼，慢慢地吮吸，慢慢地吞咽，四果汤的美味早已麻痹了我的神经，让我沉浸在美食的海洋里，忘记了酷暑，忘记了旁人，忘记了世界。

直到最后一口喝完，最后一勺嚼完，我麻痹的神经才得以苏醒，这一次美食的品尝之旅才得以结束。我走出店内，心中涌上一丝丝欢喜与庆幸，带着满怀的好心情，回了家。

从那次以后，与四果汤的"约会"便再也没有停止过。冰冰凉凉、清清淡淡的四果汤，总是洋溢着家乡的味道。我爱我的家乡，我爱这家乡的美食——四果汤。这就是我家乡的美食，我引以为豪！

店 头 街

李 楠

新西兰女作家路易·艾黎曾说过:"中国最美的山城就是湖南的凤凰和福建的长汀。"我虽不是地地道道的长汀人,但我却有一半的血统来自这里。今天我就带你走进"中国十大历史文化名街"之一——店头街。

它,全长近千米,街面宽四米左右,有两列整齐相对的木构建筑结合而成,每户门面不宽,但有一定的深度,基本结构是前店后宅,下店上宅,前店后作坊,故称"店头街"。行走在街道中,脚下的青石板路,给人一种分外舒适的踏实感;两边的木制的墙,更加衬托出整条大街的古香古味。抬头一看,不仅仅有湛蓝的天空,整条大街屋顶的檐外都挂满了林林总总的红火灯笼,每当夜幕降临,这一盏一盏指路的红灯笼自然而然吸引了视线。这中式风格可不只简简单单的红火灯笼,店里的器具,街旁的窗子，都雕有别样的中式雕花。

这里古风气息浓郁，各家店有各家的特色：休闲吧内忽明忽暗的灯光，卖着各式美丽旗袍的小店，画画像的正在一旁打着呵欠，旁边的阿婆卖着长汀的豆腐干，小吃店里扁肉跳进滚烫的煮沸了的高汤中……几个小孩横冲直撞手里抢夺着烟花棒，在旁咿咿呀呀嘀咕不停的算命先生，偶尔一位老人打着铜锣大声嚷嚷着："天干物燥，小心火烛……"此时，我脱离了现实，仿佛在民国时代穿梭，远处的红灯笼的光越发耀眼。

我不知道什么才算特别，是古风，还是现代气息？直到我遇见了它——风铃渡咖啡馆，我才知道。不必说，甘美可口的柠檬水和百香果汁；也不必说，烤得恰到好处的奥尔良烤翅和多汁的炸鸡排；单单是店门的一角，那不计其数的花样风铃，足以一瞬间吸引住你的视线。蘑菇状的风铃，那菇伞是用厚厚的铜做成的半圆镂空状，菇柄是一小块木头；铃铛状的风铃在斜上方的牌匾下不停晃荡，一有风轻轻吹过就着了魔似的翻飞；陶瓷做的风铃，在风的舞蹈下，发出清脆的声响，一点一点击碎内心的烦闷。我的目光停留在一个风铃上，它牛铃一般，上面的花式很简单，给人一种粗犷的美感。这一个普通的小店，让我找到安宁踏实。

我虽是在永安长大，但长汀的一条街一个角落却能唤起我内心的激荡，也许，是因为家乡的味道吧。瞧，我又不知不觉来到了店头街。

最美的画册

黄雨琪

当春雨正细细密密地斜织着无声的梦幻，我撑起伞，穿过一条鹅卵石小路，耳畔传来树叶的"沙沙"声，如雨中一场最盛大的交响乐，在天边某个地方回响，每一个音符都足以震撼人心。微微抬眼，满眼流动的绿色，如涓涓细流，缓缓流入内心深处那个最柔软的地方，似有某根心弦被轻轻拨动；草木葳蕤，似我们蓬勃向上的青春。

而当穿过树林，眼前的一切真令人豁然开朗：一汪清澈得透着些许绿色的湖水如女子满怀柔情的秋波，平静的湖面因雨丝忘情的演奏而被搅乱，泛起一阵不大不小的涟漪；湖边的垂柳正高傲地"对镜贴花黄"，打理自己美丽的长发，如小家碧玉的江南姑娘对着雕花铜镜，慢慢为自己梳理一条黝黑油亮的辫子，柳枝末端那短小的翠绿叶片有意无意地撩拨着清波，似乎在与它玩耍嬉闹；湖中心的亭子四角高高翘起，如一只正要展翅高飞的雄鹰；唯一通往亭子的蜿蜒小桥，没有任何雕饰，却如清水出芙蓉般朴素典雅，透着股说不出的韵味。

当夏天的烈日早已把现代人逼进26摄氏度的空调房时，我背起背包，开始登山之旅。从山脚下往上仰望，巍峨陡峭的山峰直插云天，每一块带着自然气息的石头都独具个性，似乎在互相争奇比怪；大片大片的树林如一层绿色的薄毯，温柔地覆盖着山里的一切。

烈日当空，才爬到山半腰的我汗如雨下。可那山，那花，就连那看似娇小的花朵都屹立不动，享受着耀眼的阳光，成就蓝天白云下那最耀眼的一抹风景。

粗糙的砂石在我脚下，在许多人脚下碾压过无数遍，却始终保持着自己最原始、最本真的状态。路边一棵棵挺拔的竹子默默站在属于自己的位置上，看遍天上云卷云舒，看过满天花谢花开，看透世间红尘滚滚。

家乡的水，家乡的山，她的娟秀，她的豪放，她的一切一切，在我眼里所展现是一幅美丽无比的画册。

苏州，我美丽的家乡

黄昕玥

我永远忘不了苏州——那是我的家乡。

记忆中，我只回去过一次，虽仅有一次，却使我不能忘怀。

在那江南水乡，家家都是临水而居，开门便是河。

当天蒙蒙亮时，妇女们便把家门打开，蹲在门口搓洗衣服——用那流淌的河水。因为每家都挨得很近，所以她们在洗衣时会唠些家常，一边洗一边说笑着，有时还会有她们的丈夫帮忙打下手，家家门口是一幅幅和谐幸福的画面。印在他们脸上的，不是都市里生活的人们的疲惫和烦躁，而是恬淡和温柔。

我喜欢听江南女子说苏州的方言——吴侬软语娓娓动听。

苏州的方言不似其他方言的粗犷，这方言被美丽温柔的女子说出,真是再好听不过。长得水灵的女子,说着方言,温婉地笑。她们不聊国家大事而是唠些家常,也不为工作而烦忧,只需惦记明年的收成。这不正是许多人所羡慕、追求的生活吗?

苏州的评弹也深深吸引着我——将方言与音乐完美地结合,说不出的和谐。

悠扬的乐声和着温柔的嗓音,让人陶醉其中。江南久远的历史,朦胧的烟雨……都在这和谐的声音中被听众感受着。

在雨天时,乘船游玩更是种美趣——可以感受着烟雨蒙蒙的水乡之美。

我总是坐在离船头很近的地方,看细细的雨丝落在河面泛起涟漪,看细雨润湿了石拱桥上的青苔,看桥上的行人款款而行……蒙蒙烟雨中,就连普通的黛瓦白墙也有一种独特的魅力。

也许是骨子里流淌着家乡的血液,也许是家乡人们恬淡幸福的生活画卷,也许是娓娓动听的吴侬软语……总之,头一次回家乡的我对这江南水乡产生了莫大的好感。

离别的日子很快到来,当我要离开时,甚至都有些不想走。

那儿的人、那儿的景,深深地映入我的眼帘,烙到了我的心间,我将久久地、久久地不能忘怀!

家乡啊家乡,即使只是惊鸿一瞥,我也不会忘记你!

我怎会忘了你,我怎能忘了你!

追忆如歌似水时

追忆童年

杜 林

童年是人生最纯洁的一方净土，童年是人生中最美好的一段时光，童年是人心灵深处的秘密花园。回忆起童年，对当时的人和事，更是不免感到温馨与美好。

童年是我最重要的时光相机，它记录着我的喜怒哀乐，成长的努力和一次又一次的失败。它就像微风拂过琴弦，像落花亲吻土地。如今，当我们看到周围的孩子玩过家家，不免觉得幼稚，甚至不屑一顾，可仔细回忆，曾经的自己亦是如此，幼稚、天真，但却无拘无束、无念无想。

记得小时候，那是一个盛夏，刚下过雨的天空出现了一座五彩斑斓的"玉带桥"彩虹，那时的自己甚至以为那是仙女的衣裙散落到人间，于是我便呆呆地望着天空，许久不能回过神来。甚至有一次，我追着彩虹的一端，跑了许久，明明近在眼前可伸手过去，却是一场空，永远那么遥不可及。大自然的世界如此美妙，渺小的我又怎能明白呢？

后来，有人告诉我，在家也能做出一条我梦寐以求的彩虹桥。我听了，连忙开始尝试，拿着喷水枪在阳光的照射下一喷，果不其然，一条彩虹就出现了。然而，没等我恍过神，这条梦中的彩虹桥便消失，转眼便无影无踪。那时的我不知道原理，很是纳闷，莫非是水太少了？于是我找了一个大盆子，装满了水，毫不迟疑地往空中泼洒，彩虹没出现，反倒出现了一只落汤鸡，呆在那里不知所措。

现在的我知道了这其中的奥妙但早已没有精力，也没有时间去制造什么。可的确，那幼稚的行为在那时为我带来了欢乐，梦中的彩虹桥是我珍藏于心的童年秘密。可现在我早已不是曾经的黄毛丫头了，太多的新事物改变了那些年的纯粹。不由得感叹，成长，让我们失去了太多东西。不管是人还是物，我们的性格容颜、思想感情，有所剥夺，有所增添，不论我们是否愿意，但我们终将迎来异于曾经的从容不迫，理智成熟的"大人生活"。

流年逝水，我终于明白岁月永远不会停下脚步，我们慢慢长大，童心未泯，是一件值得骄傲的事情。

那段自由的日子

邓文娟

回首往事,脑海中浮现的便是曾经所经历的酸甜苦辣。那由温暖、孤单、自由、幸福所交织的过往中最为闪亮的便是那段自由的日子。

那段自由的日子还得从我八岁那年暑假去外公家说起。那时父母忙,无暇照顾我。便把我寄养在外公家。外公家在农村。来到外公家的我如鱼得水,成天和几个与我年纪相仿的小朋友在村中四处"闯荡"。我们一起玩跑跑抓、躲猫猫……无乐不作。

印象最深的要属上树掏鸟蛋了。当时一个年纪比较大的孩子把我们带到一棵大树前,他双手抱着树好似在打量着什么。突然只见他纵身一跃,手脚并用,以迅雷不及掩耳之势攀上了那粗壮的树枝,快速地向上攀爬着,在树上施展着他那敏捷的身手。此时,吵闹的我们立即鸦雀无声,仿佛一根针落地的声音都可以听得清清楚楚。我仰着头,眼睛睁得圆溜溜的,嘴巴微张,大气都不敢出一声,目不转睛地盯着树上的人儿。只一溜烟的工夫那个爬树的孩子早已高高站在树的分枝上了他正在一步一步靠近鸟窝,在距离鸟窝大概一米的地方,他停下了前进的脚步。我就像正在捕猎的狼死死地盯着猎物那般盯着他。这时他伸出手正向鸟窝探去,一秒,两秒,三秒……时间像是停止了般,过得异常缓慢。当他的指尖触碰到鸟窝的那一刹那,全场就像滴进了水的油锅般沸腾了起来,我们在树下欢呼雀跃,比过年时还要开心。当他双脚落地之时,我们这一群"饿狼"便将"猎物"团团包围。当我们发现鸟窝里的不是鸟蛋而是可爱的小鸟时,我们心里洋溢着无法用言语表达的喜悦,脸上挂着难以言状的笑容。

我们那最热闹的时刻便是吃饭了。那时我们围坐在大圆桌前,桌上摆着早已盛好的饭和香气四溢的菜。当宣布吃饭的那一瞬间。所有人就像几十年没有吃过饭般蜂拥而上,拼命地往嘴巴里塞着饭菜。就算腮帮子被塞得圆鼓鼓的我们都不肯罢休,仍是发了疯地咀嚼着嘴里的食物,不停地向嘴里送着饭菜。当然我们这样并不是因为饿,而是为了比谁吃饭最快。

还记得当时外公家的那头大黄牛。那时的我对所有动物都感兴趣,当然也包括这庞然大物。我对它充满了好奇,不住地对他四处打量,各种挑逗,可是它却不领情,俨然一副高冷姿态对我不理不睬。有一次我走到它的面前想要触碰它,当我走到它面前,它却将头一扭转到了另一边,继续用它的尾巴驱赶着苍蝇。好一只心比天高的犟牛。

光阴它不停地流转,带走了许多美好的回忆,可它却带不走我在外公家这段自由的日子。这段日子让我真切地亲近自然,走进生活,放飞心灵,感受伙伴们的纯真……

追忆如歌似水时

郭晓薇

也不记得是什么时候与你相识,只记得那时的笑脸天真无邪,那时的玩笑童言无忌。

说起童年,就好像在茫茫迷雾中航行,白白一片,模糊不清。唯有你的微笑能化作一束阳光,穿透厚厚云层,驱开浓浓阴霾,照在心上,明亮清晰。

我还记得,小时候的你爱扎两条长长的辫子,像极了神通广大的小哪吒。记得我们喜欢光着脚丫在家门前那棵榕树下用石头画画;喜欢抱着高高的路灯比谁坚持的时间久;喜欢缩着身子去吓邻居家的狗,然后哭着鼻子仓皇而逃……记得那时候,我们坐在秋千上谈天说地,看着戴了红领巾的小学生羡慕不已,趴在对方的背上做难解的数学题。有时候,你会嘲笑我全身脏兮兮像个疯婆子,我会折腾你把喝进嘴里的汤喷出来。我们会仰望蔚蓝的天发呆,掰着手指头算：几年成熟，几年长大……

　　时间似乎是奔流不息的源泉。眨眼间，我们脱去了幼稚的容颜，学识的色彩染亮了双眼。唯有那些不离不弃的陪伴，心心相印的挂念未曾改变。

　　小学那几年，记得学校离我们的家挺远。不知你是否记得，你每天守在车站只为看见我从车窗里挥舞的双手；是否记得，我们最喜欢的便是在放学的铃声缓缓开启校门时，能手拉手聊着班上的奇闻轶事，于是那些走在洒满落日余晖小路上的时光便成了我记忆里最美的风景线；是否记得，那年我们去学游泳，领略了被别人称作"双胞胎"的娇羞，以及事后跺脚懊恼我们怎么不是亲姐妹的郁闷。但你也许不知道，就是在那年夏天，我望着你游泳技术日益增进的背影，第一次深切地感受到——在成长的旅途中，我们之间的距离终会随着时间的推移慢慢变远，终会有彼此隔于两岸的那一天……

　　花开花谢，潮起潮落，终见那张狂而飞扬的青春如浓艳的玫瑰，在远处妖娆地绽放。

　　那是我们进入初中第一次争吵，也可能是成长路上最深的刀痕。记得那日夕阳无限好，你迎面冲来的怒吼却似一阵狂风，席卷了我在跑道上悠闲漫步的惬意。"我在楼上拼了命找你！你却自己下来跑步！""我让我同学去跟你讲了！你这样无理取闹有意思吗？！"……似杯子被无情打碎，你扭曲的面颊，我空白的争辩，终于使我们看到彼此间那条沟壑。那一刻,我们心照不宣的默契顷刻烟消云散,许多埋怨嫉妒如火山喷发。

等我们再一起回家便是一周后,还记得吗?那日放学,你依然如故来找我,像个孩子一样亲昵地抱着我要我跟你和好。而我的千言万语只化作哽咽的一声"好",一个幸福的笑。

事后许多朋友问我:为什么吵架?怎么样和好?其实我自己都不知道。又何必知道呢!时间,已经沉淀了最真的感情;风雨,已然考验了最暖的陪伴。也许,吵架不散的才是朋友,学会了宽容才叫长大。有时,感情的裂痕只是为教会我们怎样成长,怎样惜情。

年华似水,缓缓流过;岁月如歌,起起落落。温情的岁月唱着动人的曲调,无声的陪伴勾勒真挚的感情。拉拉钩,让我们继续前行……

难忘的早晨

姜 悦

许多人在心中都会记得一些难忘的事情,这些难忘的事聚在心中,当你偶然回忆起,就会感到快乐或者悲伤,而让我难忘的是那日的早晨。

清晨,我迷迷糊糊地起床、刷牙洗脸,一切准备就绪,便出门上学,走前仍然还是迷迷糊糊,一副没睡醒的样子。我慢悠悠地一步一步走着,似乎走一步路就需要巨大的力气。

我终于来到车站,等待的是28路,由于漫长的等待,困意像龙卷风向我袭来,眼皮似乎快贴在了一起。这时,隐隐约约看见28路向我驶来,停在面前,我走上车去,看了看车里的人,不是很多,我心想:一般这时的28路既难等人又多,今天真是运气好。车子缓缓地开着,突然车里响起了广播:"下一站,青少年宫。"我不禁打了个激灵，睁大眼睛仔细地看车号，竟然是26路！完蛋了！完蛋了！怎么去青少年宫了！按理来说，28路下一站应该是一中游泳馆啊！我慌慌张张地瞄了一眼时间，现在已经是七点五分了！

车到了青少年宫，我急急忙忙地跳下车，一下车，像是一只猎豹，尽最大的力气向前冲，双手握紧，屈肘，左右摇摆，这似乎能让我跑得更快些，我心想：怎么办？要迟到了！真倒霉啊！风凉飕飕的，像是一把利剑从脸上划过，沉重的书包使速度减弱了不少，渐渐的，变得体力不支，我只好快走，上气不接下气，气喘吁吁地走一段跑一段。

当跑到一中游泳馆门口时，已经是七点十五分了，迫不得已我又开始疾跑，加足马力，有一种马拉松运动员到最后一刻时的那种虚脱感，真是辛苦！我看着路上的行人，大多都是别的学校的，我们学校的学生少之又少，少得让我心慌，感觉到学校的学生已经开始早读了，而我还在路上，害怕老师的疑问，又害怕同学嬉笑的眼光，由于长时间的奔跑，双腿已经麻木，感觉不到它的存在，但依然跑着，直到看见前方有几个是同班同学，才渐渐放下脚步，心中的揪起的大石终于落下，我叹了一口气，侥幸地想：哎！还好没迟到！要不然就"死翘翘"了！

这件事给我了一个教训：做事太马虎，容易吃亏。果然，这一个亏真是让我筋疲力尽！这个难忘的早晨真是"惊心动魄"，得到的教训也会时时刻刻地提醒着我——做事不能太马虎！

不忘向阳心

陈宏婧

我是一株向日葵。

晨光熹微,风和日暖。明媚的阳光洒在了我身上,两三朵娉婷的花,枝头初放芽的绿,清风吹拂的柳条,一切都显得那么静谧而美好。

我闭目养神,享受着这份舒适。忽然,伴随着一阵与草叶摩擦的脚步声,一个高大的身躯遮去了所有阳光,万籁俱寂。

很少有人会来这儿的,毕竟这里是山谷的最低点。他是我见过的第一个人类。

他蹲坐下来,坐在背光的一面,这使他脸上的表情看起来尤为惨淡。

"嗨,小花,你看起来真孤独,还有点儿可悲,生在这么个鬼地方。"他扯了扯嘴角,用低哑的声音跟我说道。

我有些诧异和愤愤不平，他是从哪看出我孤独的？难道是因为这漫山遍野只有我这一株向日葵，我这一株花吗？难道他不知道山谷的最低点正是山的起点吗？

他脸上的表情有些嘲讽，低笑了两声，像是在压抑着什么，接着说道："不对，你还有追求呢，我才是真正的一无所有……"

他摊了摊手，神情是无法抑制的悲伤与哀痛。

他说他经商失败，妻离子散，一事无成，是这世界上最糟糕的人。

可我即使经历再多风吹雨打，我也从不觉得自己是一朵糟糕的花，因为我还扎根在这片土地上，我依然孜孜不倦地追逐着阳光。

我多想告诉他，世界其实很美好。

半晌，他伸出手摸了摸我的叶片，敛下眼睑笑了笑。

"小花，我之前一直想不明白，为什么有的人一生顺遂明媚，有的人蹉跎沉沦，一生晦暗潮湿，像一枚不幸的、投错地方的种子。世人万千种，再不情愿也得承认，人与人终是有区别的。但我还那么年轻，我还有追逐梦想与未来的力量，或许上天确实对一些人不公，但我依然感恩他。至少，我还有东山再起的机会，我还有来自父母的鼓励。"他站起身，拍了拍身上的尘土，扬起灿烂的微笑。其实许多走进山谷的人走不出来，正是他们停住双脚，蹲在山谷烦恼哭泣的缘由。所幸，这个人能走出去了。

你看，阳光万里，微风不躁，走到哪里都是鲜花开放。

真诚是消融寒冰的春风

火车上的偶遇

翟安琪

我提着沉甸甸的行李箱下了火车,酸痛与麻木在手臂间蔓延开来。可是口袋里还带着体温的饼干,却让我回想起了那位老妇人,于是便怀着一份感激加快了步伐。

火车站的大厅内潮湿而又冰冷,一声声机械地报时声回响在耳畔,四周全是拖着行李赶路的人。我本是十分不愿意独自乘车,但由于父亲的疏忽买错了车票,我只好拿着这张买错的车票独自走往检票处。车站里熙熙攘攘,我仿佛被一阵又一阵的浪潮挤得东倒西歪。

几经波折,我终于拖着笨重的行李挤上了火车。好不容易找到了自己的座位,却发现这个座位上坐着一位拎着大包小包的老妇人。一副农村妇人的样子,身材有些佝偻,黝黑的皮肤似乎在埋怨它受到的日晒雨淋,一双看起来似乎历经了世间所有苦难的粗糙双手,使她显得那么沧桑。

　　我从周围衣着光鲜的城里人的眼中，看出了他们对农妇寒酸样子的厌恶，似乎在尽力拉开与妇人之间的距离，连我也不免世俗地在心里嫌弃她。我只好扫视其他的座位，却发现到处坐得满满当当，迫不得已，我只能硬着头皮坐在了农妇旁边。她一看到有人坐下，就急忙十分友好地往里挪了一些，我虽然注意到了，却依然装作视而不见。

　　"北京时间六点三十分。"车内又回响着广播声音。傍晚时分，夜色渐渐吞噬了明亮的阳光。我咽了咽口水，顿时觉得腹中空空，饥肠辘辘。连忙拿出包，却发现只有几包咸菜可怜兮兮地望着我。饭菜飘出的香味弥漫了整个车厢，望着周围的人吃着各式各样的"美食"，我直咽口水，心里真不是滋味。

　　忽然，耳边传来一个有些嘶哑的声音："小姑娘，你要吃饼干吗？"这是我从未想过的事，竟然是她——这位十分不讨人喜欢的农妇，这位我有些嫌恶的人，只有她注意到了我的窘境。"吃吧，是干净的。"只见农妇的手在粗布衣裙上使劲地抹了又抹，好像要把黑皮肤擦白一样，然后用一双擦得通红的手小心翼翼地递给了我饼干。那一刻我急了，不知如何是好，诧异地看着她，看着这位农妇的脸，似乎觉得窗外不再漆黑，而是光亮依旧。我尴尬地接过饼干，声音有些发涩地道了声谢。我再一次打量她的脸，似乎不再是寒酸，而是熠熠生辉。她那双遍布了划痕的手令我心头一颤，手中紧紧攥着的饼干似乎还留有她的余温，它像一阵暖流拂过我的心头。

窗外的风景定格了，我下了火车，朝前走去，不禁回头，望见在火车上偶遇的那位农妇在人群中穿梭，那一刻，她显得那么的高大。

请转身,前面是一片天

陈 烁

朋友经常跟我抱怨:生活太复杂了,常常弄得我不知所措,心神疲惫。小小年纪却有如此感慨,这让我震惊不小。也许他的追求太高,以至于超出了自己能力的范围;也许与人交往时,顾全不了太多又太碍于面子,致使自己劳累不已。事实上,我也常常会遇到不知所措的事情,但我们何不转身,去看看另一道风景呢?

曾经在一片小树林里看到这样的一幅景象:一只面貌瘦削、胡子长长的山羊,使劲把前蹄和长嘴巴向天空抬起来,想吃一棵小胡杨树的嫩叶。无论它怎样踮脚仰头,却始终距离树叶有几寸远。这只小山羊给人一种滑稽之感,够不着就是够不着,何必那么长久地怀着对树叶的渴望,烦恼而疲惫地去追求?为什么不去吃背后那片属于自己的野草呢?

我的外公原来是小镇里颇有名气的诗人，诗歌的时代暂时没落，他追随着别人的脚步投入到商海。几番沉浮，生意却一直不好，因此总是有一些难以言说的落寞。这种莫名的失落感牵制着他，他不知所措。其实，他忘了转身。或许，正是对物质生活的极度追求，才导致了他心灵的沙化。

曾看到这样的一篇报道：美国一架民航客机，出现了机械故障，抖动不止。机组人员想尽办法，也一直无法排除故障。他们不得不向乘客广播了这个坏消息。乘客们听后，各个惊慌失措，痛哭声、咒骂声混成一团。只有一个老太太神态自如："无论我怎样惊慌失措，也没有能力改变这个现状，倒不如静下心来。如果飞机正常飞行，我就可以去看我的小女儿了；万一失事，我就可以去见到我的大女儿了，她已在二十年前去了天堂。"老太太将自己的心灵迈过一个坎，即使再糟糕的境况，也能心安地承受。

转身、转心，这是一种智慧。地震来临，不知所措救不了家人；运动会或考试的时候失败，不知所措变不了现状；家庭遭遇不幸，不知所措挽救不了生命财产。但遇到诸如此类的不幸的时候，请不要用不知所措的表情来让自己烦躁，请转过身看着前面，那是一片蔚蓝的天。只要你愿意，一切可以从头再来。

善良的魅力

杨昕源

　　一个人的美,可以从外表看出,但真正的美,是发自内心的。善良的人,魅力是无限的。

　　一天,妈妈说带妹妹去公园玩,我也正想出去走走,就跟上了。当我们步入了"蝶舞相依广场",眼前摇来摆去的喷泉水柱似乎在向我们打招呼。鸟儿不时飞过头顶,带来阵阵喜悦。远处的草是那么青绿,翠色欲滴地欢呼着。那头古铜色的牛,似一位跃跃欲试的运动员……一切都显得那么有精神。

　　日落西山,我们也要结束了这短暂的行程。妹妹一人独自欢快地跑在前方,她说晚上有她最喜欢的电视节目,要我们快些。我与母亲聊着天,缓缓跟在妹妹后面。

　　忽然,妹妹停了下来,眼睛一直盯着一个地方,好像发现了什么。我想,也不过是人家孩子手上的玩具罢了。

我随妹妹的目光望去，是一个很小的小女孩，孤身一人站在那儿哭泣。就在这当儿，妹妹像离弦之箭般冲了过去。

我们也跟了过去。经过询问，原来是和母亲走散了。"最后一次见到妈妈在哪里？"妹妹问道，"不要害怕，我们会帮你的。"

"在山顶上。"妹妹听了，二话不说，拉着她就往山上走去。一路上，妹妹一直安慰她，与她聊天。反倒没我们没什么事似的。

又将台阶爬了一遍，还是刚才熟悉的景色，多出的只是妹妹和小妹妹俩的笑声。

到了山顶，果然看见一位母亲正呼喊着孩子的名字，脸上写满了焦急。那小孩看见母亲，心中的那份伤心都随风飘逝了，开心地向母亲扑去了。我们在那位母亲连声道谢的笑脸下与之道了别。

夜晚的巴溪大道显得格外美丽，而璀璨的路灯更是构成了一道美丽的风景线。妹妹要看的电视节目早已开始，但她的脸上洋溢着笑容。我知道，她已经收获了比电视节目更好的东西。我相信，她的这份善良将会一直陪伴着她，在成长的道路上越走越远，使她散发出无限的魅力。

我爱你，春天

葛瑞琪

春姑娘迈着轻盈的步伐悄悄地来到了人间，她把五彩缤纷的春天带给了大地。我们一起去感受春天给大自然增添的色彩吧！

在山坡上，一朵朵鲜艳的桃花绽开笑脸，有的含苞欲放，有的刚吐出黄色的花蕊，还有的已经绽放出了灿烂的笑容仿佛在迎接美丽的春天。近看，桃花像一位害羞的小姑娘，脸蛋通红通红的。一阵风拂过，一簇簇桃花随风摇曳，翩翩起舞。放眼望去，满山遍野的桃花，红的如火、粉的如霞，真美丽！

田野里，油菜花开满地，从远处看黄黄的一片像一条黄色的地毯，继续往田野深处走，隐隐约约可以听见牛的脚步声、机器的响声，慢慢地可以看见农民伯伯们正用鞭子抽打着牛，让牛耕田，真的很辛苦！

春天最美的地方要属翠绿的竹林啦！春雨过后，春笋想看看外面的精彩世界，于是就破土而出，它透过茂盛的竹叶看见了蔚蓝的天空，天空中还架着一座"小桥"，风一拂过竹叶全部"沙沙"作响。在天空的映衬下，竹林显得格外青翠！从远处望去，一株株翠绿的竹子就像哨兵一样守护着竹林。

来到小溪边，溪旁一棵棵柳树都长出嫩绿的枝条，柳树像一位姑娘，正在溪边照着镜子梳洗着自己新长出来的"头发"。小溪的水变得更清了，清得可以看见溪底的石头了。溪水"叮叮咚咚"地流着，像似正在唱着春天的赞歌，这歌声真动听！

春天是一个生机勃勃的季节，在这个季节里可以看见绽放的花朵，可以听见小溪的歌声，可以闻见春天的气息，我喜欢春天，我要留下春天的脚印，我想让春天永远留在大地。

春天。我爱你！

八月桂花香

苏祺珺

每逢八月桂花飘香，推开窗户入眼便是满树桂花压枝，而我的桌上总会搁一盘子桂花糕。"广寒香一点，吹得满山开。"梦里梦外全是那清甜味儿。

晨光微露，墨蓝的天被深深浅浅的鹅黄熏染，晶莹的露珠摇摇欲坠，悬挂在藏青的叶上，指尖轻轻一碰，舌尖轻轻一卷，微寒的触感浸透味蕾，末了便是桂花清幽微苦的甜味在口内弥散，<u>丝丝缕缕沁入心脾</u>。

这还不是桂花的全部，桂花最艳最香的时候是在正午，簇簇桂花将阳光引了去，镀上一层比平常艳得多的明黄，好似古时描了浓妆、着了金灿舞裙的美人，举手投足浓香四溢，芬芳逼人，真是令人感叹这静雅的桂花也有热烈深沉的一面。而那被太阳遗落的零星碎光缀在桂花中，从下往上看仿佛和桂花混淆在一起，万分绚烂。拿一卷诗书曼舞,轻轻地勾勒那缕缕阳光……

哪儿是桂花,哪儿是光?你不知晓,我也不知晓。

待到太阳渐渐在远处的群山歇下,天边的流云晕了腮红,家里人也陆陆续续回来了,老阿姨持着竹棒往花簇里一敲一捣,扑哧扑哧好大一阵桂花雨,母亲早在树底下铺被单接桂花,甜甜的桂花最适合的便是制糕,和了糯米粉和白糖,撒下一大把桂花,上笼再蒸一刻钟,好了便趁热将蒸熟的糕体用湿纱布包住,不断翻揿,揉捏,直至糕体细腻光滑为止,入口香甜软糯,垂涎欲滴,甚是可口。

既没有月光,也没有星星的夜晚是冷飕飕的,可一家人围坐在桂花树下,手指捏着软绵绵的桂花糕,鼻尖萦绕幽幽芬芳,反而觉得心里暖乎乎的。聊点家常,聊点奇闻逸事,时不时喝口热茶,嚼口桂花糕,这时间也就像山涧潺潺溪水那样打着拍子悄悄流逝了,但一回想起来,却也像那纯净的水,甘甜回味。

十月一过,落英融于土,桌上不再桂香飘飘,连窗外的桂树也染上了属于秋末的萧瑟。"桂子月中落,天香云外飘。"只是我的梦里,依然有着桂花残留的香迹,轻歌曼舞……

冬日的清晨

赖书骏

虽然时候已经不早了，但由于是冬日，太阳还没能起床履行它的职责，天空还是一片昏黑。

突然，远处传来几声鸡鸣，似乎唤醒了睡梦中的太阳。在那遥远的东边，先泛起了一丝微光，夜晚寒冷的空气已经开始畏缩、开始退却。

渐渐地，天空的那边泛起了鱼肚白，仿佛透出了些许红光。黑暗尖叫着，被闪现的红光逼退，再也不敢返回。

过了一会儿，朝阳开始发力了，透过那厚薄不一的云层，反射出五颜六色的光来，红的、橙的、黄的、绿的、青的、蓝的、紫的……色彩斑斓。当然，最耀眼的还是那金光，像一把把锋利的、能量四射的宝剑将黑暗斩碎。

接着，火红的朝阳一点一点地挪了出来，俯视着整个大地，仿佛在接受子民的朝拜。它就在那儿闪耀着，刚才还苟延残喘与之对峙的黑暗与寒冷已被撕扯得支离破碎。

随后，红光照满了半边天，动物们已经开始苏醒了。它们经历了一个寒冷而难熬的夜晚，现在终于可以沐浴在阳光下了。它们跳着、叫着，享受着阳光带来的温暖与希望。

终于，太阳将整个身子都探了出来，这时，残存的黑暗也在千万支金箭下隐匿了，无可奈何地等待着下一个夜晚的到来。人们也都醒了，开始了新一天的工作与生活。

冬日的清晨，多么美妙！这美妙的清晨，昭示着对美好生活的希冀。今天决定着明天、决定着未来，让我们把握当下，创造更好的明天！

红 梅 赞

刘晨昀

假如我是个诗人,我要写出一首长诗,来歌颂你的美丽。

假如我是个画家,我要用五彩的颜色,勾勒出你的精神。

假如我是个作曲家,我要用跳跃的音符,表达出我对你的喜爱。

假如我是个舞蹈家,我要用我的舞姿,描绘出你的神气。

然而我什么都不是,我只能用我自己贫乏的文字,来表达我对你的赞叹。

冬日,我漫步在公园,眼前都是光秃秃的树干,没有一点儿生气,显得十分苍白。忽然,我注意到了桥头的几棵梅花,远远地望去,好似一串串冰糖葫芦。这梅花,红的似火,粉的似霞,白的似雪。

那株红梅却深深地吸引住了我的目光。似火的颜色,淡淡的幽香,重重叠叠的花瓣,好似一张薄薄的嘴唇,一根根的花蕊整齐地排列,发散出沁人心脾的幽香!还有这些小花苞,点缀在枝头显得分外可爱,弯弯曲曲的枝条,好像是一只展翅欲飞的红凤凰!

好一树红梅!

在这冬日,白雪皑皑,百花凋零,唯有傲雪红梅,艳压群芳!雪下得越大,你开得越美,天气越冷,你开得越艳、越香、越迷人!你需要的不是和煦的阳光,轻柔的微风,而是风和雪的交替!这是一种不畏艰难、不畏苦难的精神!难怪古人们常说"宝剑锋从磨砺出,梅花香自苦寒来"!

好一树红梅!

在这苦难中的红梅,你不与百花争春,只在艰苦中扎根。比不上牡丹的雍容华贵,比不上百合的娇美动人,比不上玫瑰的艳丽芬芳,比不上桂花的十里飘香,只在属于你的季节,用自己的努力绽放出你的光彩照人!

好一树红梅!

春 天 来 了

周雯枥

春姑娘第一次踏着轻巧欢快的步伐来到我们的身边。她给大地披上绿色的外衣,给田野戴上艳丽的花朵,也给我们带来温暖的春风。

推开家门,放眼望去,地上仿佛已经冒出了小草的新芽,就像韩愈说的"草色遥看近却无",但它们顽强的生命力又让我想到"野火烧不尽,春风吹又生"。春雨滋润着他,春风抚摸着它,它是大地万物的使者,是春的使者。

走到河边,河水波光粼粼,淡淡地映着阳光的金色,使人看到春天的暖意,再冷的河水此时也不会让我不寒而颤。岸上一排排千姿百态的杨柳钻出许多嫩绿的叶头,就如"不知细叶谁裁出,二月春风似剪刀"。轻轻地飘在河面上。不远处一群鸭子在水里扑腾着翅膀,一边把头伸进水里觅食，一边欢快地"嘎嘎嘎"地叫着。对岸的山上竹子早已破土而出，坚硬挺拔的身躯仿佛保卫边疆的士兵。桃花、梨花竞相开放，"红的似火，白的像雪，粉的似霞"。这幅春景，不就是"竹外桃花三两枝，春江水暖鸭先知"吗？

抬头望向天空，不时看见一群群大雁从北方归来，有的落在树上，有的落在地上，在休息的同时也为我们带来美若交响曲的歌，我想这就是"处处闻啼鸟"吧！

一夜醒来，外面不知何时飘起了春雨。雨细细的、轻轻的、绵绵的，既"润物细无声"又"花落知多少"。它滋润着土地，滋润着花朵，滋润着河水。它为大自然洗去冬天蒙蔽的灰尘，万物愈发生机勃勃了。

"春风又绿江南岸，明月何时照我还"，春风寄托着许许多多在异国他乡生活而不能回家看望亲人的思念，春风一阵一阵地吹来，不知多少人又增添了思乡念亲之愁。

春景年年依旧，春情却年年不同。望着春景，吹着春风，感受着细雨，今年春天，我很诗意。

龟 山 公 园

张锡荣

　　阳光很是灿烂，空气中透着一丝花草的香气，我独自一人来到龟山公园玩。

　　一到龟山公园，一眼望去，映入眼帘的是一串又一串的喷泉口，像一个个小珍珠。每逢过节的时候，这里就会出现美丽的情景，所有的喷泉口，整齐地喷射出长短不一的水柱。每一个水柱，都像一个伴着音乐跳舞的舞者，又像一台钢琴，人们悠然地弹奏着动听的曲子。

　　我一边走一边看。小河旁头发茂盛的柳树姑娘一边梳着头，一边对我微笑点头。路边的花妹妹、草弟弟正在用湿润的泥土给自己做阳光面膜。我走啊走，走到了一个叫"鬼城"的游戏厅，这让我起了好奇心。"一人十元"，我口袋中正好有十元。"Go，有什么好怕的！"我信心十足地走了进去。

一进门，灯马上暗了下来，只剩下零零星星的光点，我勇敢地向前走，突然"嗒嗒"各种奇怪的声音响了起来，环绕在我的耳边，令我又激动又好奇。我马上加快速度跑了起来。"哗哗"，一只毛茸茸的东西出现在我的脚下，我吓了一跳，根本顾不上看那东西的模样，就狂奔起来，"啊！太可怕了，我要快点离开这个是非之地。"我又加快了速度，本来激动的心变得有些恐惧，到了一个转弯，我正准备冲过去，可谁知角落处，一只肥头大耳的猪八戒向我奔过来，我惊到了，心跳不由自主地加快了很多，我什么也不看，只顾往前冲。一会儿工夫，我来到了光线更暗的地方，那儿有一块牌匾，上面写着"鬼门关"，到了此时我的心只剩下害怕了，但为了"活命"我也只好硬着头皮闯。我使出浑身力气，什么也不看，什么也不听，可还是踩到了不该踩到的东西——一条蛇。我马上飞奔，毫无目的地往前跑。终于我见到了亮光，那里有两只"鬼"守在门口，中间有个女子在拜佛，我本以为终于安全了，可是突然一个女子在惨笑，那个女子的头要转了过来，我的心跳比之前还快，不管三七二十一地逃了出来。

出来后，才发现我已经浑身湿透，筋疲力尽，这次真是像"死了一回"。

本来好好的龟山公园游行，差点变成了看"恐怖片"，我发誓即使再来龟山公园，也不再进入鬼城了。

暑假青岛行

刘钟敏

　　漫长而又快乐的暑假开始了,愉快而又轻松的时刻来临了!抛下沉重的书包,去爬山;撇下繁重的作业,去看海;扔下考试的紧张,去旅行。暑假里,我随旅游团来到了青岛。

　　青岛的美丽,美在其海。我光着脚丫走在沙滩上,欣赏着那无边无际、海天一色的大海,海水平静时,像一面透明锃亮的玻璃镜;海水奔腾时,犹如一排排整齐的哨兵庄严地在主席台前走过;海水咆哮时,俨然是一头怒吼的大猛狮,卷起千层浪,扑向海滩。海鸥忽低忽高地飞在海上,为海滩增加了亮丽的风采。海滩吸引了众多游客,有的在阳光下晒沙滩浴,有的在碧蓝的海水里游泳,打水仗,还有的在海边堆沙堡……看着别人玩得那么开心,我也忍不住在海滩上捡起了五光十色的贝壳,有时海水趁我不注意跳在我脸上，逗得我哈哈大笑。

　　青岛的美丽不仅在其海，而且在其山。这里有道教发祥地之一崂山。它被海水环绕着，群山起伏，青山绿水，远看山峰像被一层薄纱环绕着，犹如仙境。我们主要参观了太清宫，里面有大殿：三清殿、三宫殿和三皇殿。这里长着许多奇异的树木：如三合一树，三棵不同的树种合并成一棵高大的树；还有带着传奇色彩的痒痒树，一摸树干，树叶就动，可以带来好运的龙头树……还有许多叫不出名字的，样子也是各种各样：有的远看像和尚，有的正看像乌龟，反看像老鼠……

　　青岛的美丽，美在环境。这里环境优雅，街道干净，空气新鲜，花草繁多。"红瓦，绿树，碧海，蓝天"，美丽的青岛我爱你！这次的假期旅行令我难忘！

游张家界十里画廊

郭诗琪

　　大自然这个雕刻大师,用鬼斧神工在这里塑造了稀世珍品,它是艺术的世界,童话的王国。今天我将带领大家一起游张家界十里画廊。

　　刚到山脚,看到观光火车,我和朋友们得到大人的应允,一溜烟窜了上去。我坐在最里面,看到了右手边青绿的林木葱茏,闻到了鼻子前萦绕的野花飘香。哦,对了,还有密密窄窄的刚冒尖的小草!正值三月,刚与薄雾亲吻、被轻纱裹挟的森林显得湿漉漉的,叶子上,绿草上,无一不捧着晶莹剔透的露珠。露珠压弯了小草么?没有,露珠从草尖滚落湿润土地的声音,小草又富有柔韧性地直起身子,悄悄地却带着一丝决绝的声音,闯入耳畔。一阵略带凉意的清风拂过脸颊,温润的晨雾也扑面而来,虽然旭日东升,但早晨的风依旧凉飕飕的。

坐到终点，站在上面俯视着下面朦胧缥缈如同仙境般的木质小路，而身后的三姐妹峰却以更高的姿态鸟瞰着我们这一群渺小到根本就不足挂齿的人们，真是应了卞之琳的《断章》写的："你站在桥上看风景，看风景的人在楼上看你，明月装饰了你的窗子，你却装饰了别人的梦。"温和的阳光终于带了一丝温度，慢慢地透过玫瑰色的云霞，在云上的海洋里飘啊飘，周围的云彩也被渲染，平添一份飘逸的浅色嫣红。

　　下山时，走的是小木桥。这座小木桥坦然地坐落在这个平坦的大地上，仍旧是右手边，不过这下边可是清澈见底的、浅浅的溪流。背对着太阳，把影子拉得好长好长。这时的影子和我，不带一点落寞，而是成片的温暖。对面绵亘蜿蜒的山里树虽不多，可在和煦的阳光的映衬下，也别有一番意味。哗哗流淌的溪水虽不深，却在金色的阳光下犹如一面明镜，映照着这飞禽走兽，蓝天白云，绿树红花，闲逸的人们和高耸的群山，仿佛都融入了这汪绿水里。两岸的叶子微微地掠过水面，荡起一波涟漪，它是在喝水么？和风飘过水面，"绿水无忧，因风皱面"的场景重现，它是在怀念么？

　　朝霞拥抱着古老的山岭，愈发显得森林葱葱郁郁，到了山脚，回首望去，宛若一幅宏大的山水画悬挂在千仞绝壁之上，秀美壮丽的奇景悄无声息地浮现进仙师画工的水墨丹青中。

这 就 是 我

陈 艺

在中国，有位赫赫有名的开国大元帅叫陈毅；而在21世纪的今天，有个叫陈艺的普普通通的学生，这就是我！

我和绝大多数的学生一样——背负着家人的期望，在学校和家之间来回奔波，为每一次的考试准备、为每一次的分数紧张；但我又和他们不一样——我闲暇时喜欢画画，画各种各样的画；喜欢看书，看各种各样的书；我还喜欢吉他，喜欢电脑，喜欢研究奇怪的东西，比如UFO。总之，我就是我，这就是我！

我的性格有点儿大大咧咧，对什么都无所谓，这也导致了我淡定的生活方式——无论多吵、多闹，我都能自动屏蔽，然后继续做自己的事。我也说不出我这样的性格的好坏——说好，对什么都不放在心上，似乎有点儿不妥；说坏，对什么都一笑置之，似乎又少了不少烦恼。干脆不想了，反正，这就是我！

我性格虽然淡定，但有时却有点儿急性子，有点儿"说风就是雨"的味道。看——辛辛苦苦留了两三年的头发，走起路来一甩一甩的，别提多精神了！可自从六年级以后，在繁重的学业面前，这却成了一个负担，怎么办？要不，把头发剪了吧？冒出这个念头的当天中午，理发师"咔嚓咔嚓"的几剪刀下去，我那过了肩的秀丽"长"发，便成了一头清爽利落的短发。要换成一般的女孩子，这会儿估计就摸着那整齐的断面哀哀戚戚了，我却不，直接拎起书包，潇洒地往学校走去。这就是我！

现在，你们大概也了解我了吧？一个爱好广泛、性格淡定又有点儿急性子的假小子！陈艺虽不像陈毅那样战功卓著、赫赫有名，但也算是多才多艺、独一无二吧！这就是我——陈艺。

快乐阅读

葛瑞琪

夜晚,金黄的圆月高挂在深蓝色的天空中,周围一片寂静。所有人都睡了,只有我房间的灯还亮着。此时的我,正坐在床上,手捧一本《窗边的小豆豆》津津有味地读着,时不时还会从房间里传出"哈哈"的笑声。

班上的同学给我们推荐了一本书——《窗边的小豆豆》。一到周末我就叫妈妈把这本书给买回来。我看书从来都是囫囵吞枣,乱读一通,可这次不一样了,我翻看第一页,读到:小豆豆因为爱动被退学了,妈妈又替小豆豆找了一所学校……读到这里我又想看下一章:小豆豆到巴学园的生活是怎样的?我又翻了一页,我被巴学园的样子给吸引住了:用树木做的校牌,用废弃的电车做教室。这都不是重点,最不一样的是他们的校规:学生按当天的心情选择自己要坐的位置和要学习的科目,他们学校有我们学校没有的项目，如"野外训练营"等等。他们每天的盒饭是"山的味道，海的味道"……读到这里我仿佛自己也进了巴学园中，坐在电车教室里上课……我想：要是我们学校也变成这样有多好啊！我会有多么快乐啊！"吃饭了。"妈妈的一句催促把我从幻想中拉回了现实。我"哦"了一句，继续看书。不一会儿妈妈火了，她大吼道："快点过来吃饭！"见我没反应，妈妈走到我身边，把我"拎"到饭桌前，没办法，只好边读边吃。当我看到小豆豆用铲子在厕所里捞钱包时，我实在忍不住哈哈大笑，就把米饭喷了出来。妈妈用她那生气的大眼睛瞪着我，我只好低声说声"对不起"。不过，我心里还在想刚刚书上的场面，嘴角轻轻往上扬。妈妈见了，一气之下，就把书从窗子扔了下去，我的眼泪马上涌了出来，我二话不说，穿好鞋子往下跑，去找我心爱的书，同时也去寻找我的快乐。天渐渐暗了，我在草丛里摸索着，还边叫道："我亲爱的小豆豆啊，你快回来吧！"忽然我摸到一个长长的东西，拿起来一看，是我的"小豆豆"，我拍到它身上的灰，亲了两口，就抱回家接着看了。

晚上，妈妈把我房间的灯关了，我假装睡着，等外面没动静了，我再把床头的小灯开起来看书，我读到：小豆豆有成就了，但一直以来支持她、鼓励她的林校长却已经去世了，我既开心又难过。"滴答——滴答——"时针渐渐指向十二点，我的眼皮已经开始打架了，算了，睡吧，不然明天妈妈又要唠叨了。我进入了甜美的梦乡，在我的梦里，书上的情节一遍又一遍地播放着……

　　快乐有很多种，玩游戏时会快乐，考试考好时会快乐，在我看来，读书也会快乐，书是一把钥匙，握着它可以开启梦想的殿堂。所以我们一定要多读书，体会书中的乐趣！

我的中国梦

葛瑞琪

梦想是在暗夜中指引我方向的路灯；梦想是在荆棘丛中为我开创新路的利剑；梦想就像一粒种子，种在"心"的土壤里，尽管它很小，却可以在我心中生根开花。梦想鼓舞着我，为我插上翱翔的翅膀，飞向美丽的彼岸。我心中有个中国梦——就是在外国当一名汉语老师。

我为什么会有这个梦想呢？那得从一件小事说起：夏日炎炎的一天，太阳高挂在天空中，放射着刺眼的光芒，整个大地像是被煮过了似的。我在新安小区的车站等车，车久久还没来。脸上的汗水从我头上滴了下来，我双手不停地给自己扇风，嘴里抱怨道："唉，这什么车啊，这么久还不来，算了，先去买水吧。"我走到东亚饭店旁边的小店铺买了一瓶水，刚刚从店里走出来，就发现有两个一高一矮的男人从东亚饭店走出来。咦？这高的男人怎么这么奇怪啊？黄头发、白皮肤？细看，原来这男的是一个老外。要知道我可是个好奇心强的人，再加上我没见过几次老外，自然要凑上去瞧一瞧。我发现那名矮的中国男子正用英语在和那老外交谈着什么。虽然我听不懂，但心中难免会有些不自在，来中国就应该讲中文，为什么是我们来讲英文呢？难道在外国没有人教他们说中文吗？一串串问题在我脑海里"蹦"出来。这时车来了，我坐上公交车，心里不断地想，不断地对自己说："我长大后一定要把中国的语言，中国的历史，通通告诉外国人，让外国人也知道我们中国的文化；也让外国人会写我们中国一个个刚劲端庄的方块字；更让外国人会说我们中国博大精深的普通话。而且到时如果在遇到这种情况，就换成老外用中文和我们聊天了。"之后，在我心中就这样埋下了一颗中国梦的种子，它会伴着我的成长在我心里慢慢生根发芽。

实现这个梦想的路途还很遥远，我现在要做的就是要好好学习，天天向上。如果没有知识，再美好的梦想都会变成妄想。

只要我好好学习，相信一定可以完成我那"在外国当一名汉语老师"的中国梦。我立志要化作一双梦想的翅膀，带着祖国飞向更远更灿烂的明天！

学会安全用电

葛瑞琪

最近常常打雷下雨,雨"哗哗哗"地下,雷"轰隆隆"地响。每一次打雷,我们班总会有一阵阵骚动,我看向窗外朦朦胧胧的一片,看着天空时不时闪过一道光,这使我想到了电。电是一种自然现象,是一种能量。聪明的人类利用电发明了灯和许多电器,可是我们还是常常会被电电到,我们该注意些什么呢?关于安全用电每个老师都有说过,但是就属那一次最为深刻。

那一次,我们正在上语文课,每一个人都是听得那么认真,老师也讲得很精彩。我们仿佛和课文融为一体了。这时,多媒体设备突然"嗡嗡嗡"地响起来,老师以为是主机在响,就没管那么多了,继续上课,可是响了一会儿,电脑和投影仪突然黑了,"咦?怎么黑了?"火眼金睛的我们一下子就发现了电脑和投影仪的变化,不约而同地发出疑问。老师也注意到多媒体不停地在响而且电脑和投影仪也黑了。因为我是管理多媒体的,所以老师叫我上去看看,以为是插头松了,我走到讲台前,正想俯下身子检查插头时,突然一股浓浓的白烟从插座里冒了出来,一股刺鼻的焦烟味朝我扑来,我呛得赶紧捂住口鼻,跑到一旁。老师看见了烟,先也是一惊,之后马上冷静下来,毫不犹豫地把课件关了,U盘退出来,把一切多媒体设备关了,最后切断电源。坐在底下的同学们早就乱成一锅粥了,有的在讨论着什么;有的"啊啊"大叫;还有的跑到讲台前来看……老师做完这一连串的动作后,拍了拍手,把大家整顿好,对我们郑重地说:"以后要是再遇到这种事,首先就是不能惊慌失措,要冷静。接着马上把电脑等一切设备关掉并切断电源,以防引起爆炸。我们每个人都要学会安全用电。还有谁都不许去碰电脑。"老师的表情很严肃,告诉我们这不是在开玩笑。

后来,班主任找人来把电脑修好了。是插座烧掉了。班主任告诉我们,修电脑的说,他在修时插座上还有残留的电,在这期间如果我们有去动的话,那么后果不堪设想。语文老师的做法是完全正确的,把设备关了,切断电源后不要碰设备,等待专业人员来修理。

我们的生活离不开电,可电也会伤害我们。所以,我们每个人都应该学会安全用电!

假如我是风

张恩齐

假如我是风,我会漫步在四季的天空里,会更换一件件美丽的衣裳,为人们带来幸福。

春天,我穿着绿色的衣服,踏着轻快的脚步,来到每一个角落。我来到之后,冰雪融化了,泉水叮叮咚咚地唱着小曲儿。树抽芽了,嫩嫩的、绿绿的,多么可爱。小草从土里探出了小脑袋,一大片一大片绿油油的。人们也感染了春天的气息,走着、跳着,捉几回迷藏、打几个滚儿……我把柳叶吹绿了,把水儿拂净了。

夏天,我又来到了。戴着黄澄澄的帽子,在田野中穿行。碧绿的西瓜穿着黑色条纹的衣服,蜜桃在树上,害羞着,红着脸。我又来到了城市,我为人们赶走了蚊虫,又看见那黑夜的星空是如此璀璨。

假如我是风,我会为人们带来凉爽的秋天和美丽的冬天。

秋天，我又来到了人间。穿着金黄的毛衣，在树丛中与金黄的树叶玩耍，叶子被我吹拂得纷纷扬扬，多么像翩翩起舞的蝴蝶，这是一道美丽的风景。我又吹干农民伯伯的稻谷，帮他们吹熟了果实。我来到了花园，一吹，成千上万五颜六色的秋菊在刹那间开放，个个绽开美丽的笑容。

我又来到了冬日的人间，我穿着洁白的棉袄与雪花跳舞，给大地披上了银装。这时，我飞过梅花树，多少的梅花在枝头开放，傲雪芬芳。雪花被吹入森林，正如"忽如一夜春风来，千树万树梨花开"的景象。我来到人们居住的地方，人们在屋子里其乐融融，多么温馨。

假如我是风，我会为人们着想。但是我也是一个淘气的小孩儿，哈哈，时不时闹一下，生一会儿气，这时便会狂风大作，风雨不止。

这就是我，一个可爱的风。

假如我是一滴水

杨嘉仪

假如我是一滴水,我会去大沙漠,与我的伙伴们一起灌溉大沙漠,把寸草不生的大沙漠绿化成美丽的花园,让漫天飞舞的黄沙变成长满绿草的草坪,把炎热的大地变成人们向往的乐园,让人流连忘返,成为最美丽的风景线。

假如我是一滴水,我会去荒山,用我甘甜的雨水去浇灌它,让漫无边际的黄土长出绿茵茵的小草,葱绿的大树,娇艳的花朵。各种花朵竞相歌唱,各种动物快乐地生活。

假如我是一滴水,我会去干旱地区,以绵薄之力帮助那些需要我的人;我会滋润干枯的花朵,灌溉干裂的土地,保护枯萎的树木,让人们喝上甘甜的泉水。我会使土地再次肥沃,树木重新生长,花朵再次绽放,人们重新获得幸福。虽只是一滴水,但我的用处却很多。

假如我是一滴水，我一定会去发电厂，把我的能量转化为光和热，让偏僻的小山村漆黑的夜晚明亮起来，让人们感到光明和温暖；让他们在方寸大的电视里看到广阔的世界，世界的美好；让孩子们在明亮的电灯下学习，以便走出大山看到外面的世界的美丽。

假如我是一滴水，我要用尽我生命中的全部去培育美丽的花：幽香的兰花，雍容的牡丹，冰清的荷花，傲骨的梅花，把地球母亲打扮得如一个年轻的小姑娘，使地球母亲成为茫茫宇宙中那颗最闪耀、最美丽的行星。

假如我是一滴水，我会为人们做好事，为大地做奉献，我绝不会用罪恶的波涛去摧毁农田里的庄稼，去淹没人类的家园。我一定做一个快乐的、善良的、勇敢的小水滴，在池塘中歌唱，在小河里散步，在小溪里嬉戏，在海洋里流淌，和大家一起过着快乐而幸福的生活。

假如我是一滴水，我请求大家保护我，爱护我，珍惜我，让我做一滴纯净的甘美的水，让我更好地为人类服务，为人类创造幸福。